250

edition suhrkamp

Redaktion: Günther Busch

W0186475

Hartmut Neuendorff, geboren am 30. 1. 1940 in Siegen/Westfalen, studierte Soziologie, Philosophie, Volkswirtschaftslehre und Politikwissenschaft in Berlin und Frankfurt am Main. Er ist wissenschaftlicher Assistent am »Max-Planck-Institut zur Erforschung der Lebensbedingungen der wissenschaftlich-technischen Welt« in Starnberg.

Der Begriff des Interesses, dem in den theoretischen Grundkonzepten der heutigen bürgerlichen Soziologie kein zentraler Stellenwert mehr zugesprochen wird, stand in den ›vorsoziologischen‹ Theorien der bürgerlichen Gesellschaft im Zentrum der genuin bürgerlichen Handlungstheorie, der zufolge sich die am jeweils individuellen Interesse orientierten Handlungen der Menschen zu einem gesellschaftlichen Gesamtsystem zusammenschließen. Hobbes deduzierte als erster nach der Logik interessenorientierten Handelns die Genesis des als souveräner Staat konstruierten Systems. Im Gegensatz zu Hobbes' Theorie der konstitutiven Rolle von Zwang und Herrschaft zeigte Smith in seiner Theorie der Marktgesellschaft, daß allein interessenorientiertes Handeln im freien Tauschverkehr ein sich selbst regulierendes und produktiv sich entwickelndes Gesellschaftssystem hervorbringt. – Indem Marx nachwies, daß sich das bürgerliche Gesellschaftssystem nur zum Schein aus den individuellen Interessen der Handelnden konstituiert, vielmehr die individuellen Interessen der privaten Warenproduzenten aufgrund des in der – die gesellschaftliche Einheit stiftenden – Wertform verschleierten Herrschaftsverhältnisses Klassencharakter besitzen, zerstörte er mit der Kritik am grundbegrifflichen Rahmen der bürgerlichen Sozialtheorie das im Interessebegriff artikulierte liberale Selbstverständnis des Bürgertums.

Hartmut Neuendorff

Der Begriff des Interesses

Eine Studie zu den Gesellschaftstheorien von Hobbes, Smith und Marx

Hobbes

Suhrkamp Verlag

edition suhrkamp 608
Erste Auflage 1973
© Suhrkamp Verlag, Frankfurt am Main 1973. Erstausgabe. Printed in Germany. Alle Rechte vorbehalten, insbesondere das der Übersetzung, des öffentlichen Vortrags und der Übertragung durch Rundfunk und Fernsehen, auch einzelner Teile. Satz, in Linotype Garamond, Druck und Bindung bei Georg Wagner, Nördlingen. Gesamtausstattung: Willy Fleckhaus. D 30.

Inhalt

Vorwort

Die vorliegende Arbeit versucht einige systematische Aspekte der Rolle des Interessebegriffs in drei zentralen Theorien über die bürgerliche Gesellschaft zu entwickeln. Damit wird vorab darauf verzichtet, den semantischen Reichtum des Begriffs des Interesses auch nur in den wichtigsten Bedeutungsvarianten seiner Geschichte zu rekonstruieren. Gemeinsam ist ihnen, daß im Interesse eine reflexive Vermittlung zwischen dem Subjekt und seiner Umwelt als unmittelbares Motiv des Handelns gesetzt wird. Der inhaltliche Reichtum der im Interesse erstrebten Beziehung des Subjekts zu Objekten kann nach dem Schema »gebrauchswertorientiertes gegenüber tauschwertorientiertem Handeln« klassifiziert werden. Das vom Interesse an Gebrauchswerten zur sinnlich-lustbetonten Bedürfnisbefriedigung bestimmte Handeln bleibt in dieser Arbeit fast vollständig ausgespart, obgleich diese Art der Interessenorientierung eine dominante Rolle in allen materialistischen und sensualistischen Theorien des menschlichen Handelns von Lukrez über den bürgerlichen Materialismus in der französischen Aufklärung bis zur Gegenwart in den kritisch gegen die Dominanz von Tauschwertbeziehungen im Kapitalismus gerichteten Theorien spielt. Da im Zentrum dieser Arbeit das typisch bürgerliche, an Tauschwerten interessierte Handeln steht, sollen die selektiven begriffsgeschichtlichen Erörterungen des ersten Kapitels zwar einerseits auch den Bedeutungsreichtum und die Verwendungsvielfalt des Interessebegriffs anzeigen, aber andererseits vornehmlich durch die Vorgeschichte des tauschwertorientierten Interesses die vorbürgerliche Wirklichkeit in einigen wichtigen Momenten beleuchten, um auf diesem Hintergrund die positive und revolutionäre Umdeutung des im Mittelalter negativ bewerteten Interessebegriffs durch den bürgerlichen Liberalismus deutlich zu machen.
Dem bürgerlichen Selbstverständnis, das sich systematisch als Theorie der bürgerlichen Gesellschaft zum ersten Mal in der politischen Philosophie von Hobbes artikulierte, gilt das Interesse als Brennpunkt individueller Selbstbestimmung

gegen alle mit dem selbstinteressierten Handeln der Individuen nicht kompatiblen, traditional vorgegebenen Institutionen und Handlungsorientierungen. So konstruierte Hobbes die Genesis des Gesellschaftssystems aus der Logik des sich allein an individueller Selbsterhaltung orientierenden Handelns voneinander isolierter Individuen, doch erforderte der zwischen den Individuen vertraglich konstituierte Gesellschaftszustand aufgrund seiner prekären Labilität auch weiterhin eine souveräne Zwangsgewalt als Bedingung der Möglichkeit dauerhafter gesellschaftlicher Ordnung. Demgegenüber zeigte Smith in seiner Theorie der Marktgesellschaft, wie sich die nur am eigenen Interesse orientierten Handlungen der Individuen selbsttätig zu einem geordneten, in sich stabilen Gesellschaftssystem permanent vermitteln, ohne jedoch die gesellschaftliche, von den Individuen unabhängige Determination ihrer nur scheinbar »individuellen« Interesseorientierung zu reflektieren.

Erst Marx erklärt in seiner *Kritik der politischen Ökonomie*, in welcher Weise die individuellen Interessen der Handelnden durch objektive gesellschaftliche Strukturen bestimmt sind. Nicht in den individuellen Interessen der Privatproduzenten, sondern in der Wertform ihrer Waren entdeckt Marx den zentralen Vermittlungsmechanismus, durch den sich die Handlungen der Individuen zur Einheit des kapitalistischen Gesellschaftssystems zusammenschließen. Damit nimmt Marx den individuellen Interessen nicht nur die ihnen vom Bürgertum vindizierte konstitutive Funktion für die Erklärung der Genesis und Funktionsweise der kapitalistischen Gesellschaftsformation, sondern weist darüber hinaus nach, daß sich aufgrund der in der Wertform der Ware Arbeitskraft versteckten Klassenherrschaft in den am individuellen Interesse orientierten Handlungen sowohl der Produktionsmitteleigentümer wie der Arbeiter das kapitalistische Klasseninteresse verwirklicht.

Indem die Arbeiterklasse durch die Erkenntnis des in der Wertform der Ware Arbeitskraft enthaltenen Widerspruchs zwischen Gebrauchswert und Tauschwert ihres lebendigen Arbeitsvermögens sich ihrer Klasseninteressen bewußt wird, kommen in ihrem Bewußtsein auch die durch die Tauschwertbeziehungen der kapitalistischen Produktionsweise unterdrückten Gebrauchswertorientierungen wieder zur Geltung.

Die vorliegende Arbeit ist vom Fachbereich Gesellschaftswissenschaften der Johann Wolfgang Goethe-Universität zu Frankfurt am Main im Dezember 1971 unter dem Titel *Der Begriff des Interesses in den Theorien der bürgerlichen Gesellschaft von Hobbes, Smith und Marx* als Dissertation angenommen worden.

München, Dezember 1972 H. N.

I. Zur Geschichte des Interessebegriffs

1. Zur Geschichte des Terminus »Interesse« bis zur Neuzeit

Das lateinische Wort inter-esse wurde nur in verbaler Konstruktion verwendet. Wörtlich bedeutet es: 1. dazwischensein in Raum und Zeit. Seine allgemeine Bedeutung ist mit 2. gegenwärtig sein, beiwohnen, anteilnehmen zu übersetzen. In der unpersönlichen Konstruktion: »inter-est« heißt es 3., es ist von Wichtigkeit, es ist von Bedeutung, es ist daran gelegen.[1] Erst im mittelalterlichen Latein, etwa seit dem 13. Jahrhundert, wurde »interesse« substantiviert. Zunächst diente es als juristisches Fachwort zur Bezeichnung des »aus Ersatzpflicht entstandenen Schadens«.[2] Umgangssprachlich wurde »interesse« einfach mit dem Wort »Schaden« verdeutscht, wie ein mitteldeutsches Glossar des 15. Jahrhunderts nachweist.[3] Das juristische Fachwort Interesse bezeichnet den Schaden, der einer Person daraus entsteht, daß sie einem anderen gegenüber zum Ersatz des Vermögensverlustes verpflichtet ist, den sie durch schuldhafte Handlung verursacht hat. Der aus Schadenersatz dem Ersatzpflichtigen entstandene Nachteil war in der Regel für den Empfänger kein Vorteil, sondern lediglich Ersatz einer erlittenen Einbuße.

Eine neue Bedeutung gewinnt dieses juristische Fachwort in seiner Verwendung zur Bezeichnung des Gläubiger-Schuldner-Verhältnisses im Rechtsinstitut der mittelalterlichen Geldleihe. Die Rückzahlung einer geliehenen Geldsumme ist weder für den Gläubiger ein Vorteil noch für den Schuldner ein Schaden, da eine reine Äquivalenz vorliegt.

Die bei der Rückerstattung geliehenen Geldes zu entrichtende Leihgebühr (Zinsen) fand in dem juristischen Fachwort »Interesse« (als aus Ersatzpflicht entstandenem Schaden) einen

1 Lunk, Das Interesse, a.a.O., Bd. 1, S. 8. (Die genauen bibliographischen Daten der zitierten Werke sind im Literaturverzeichnis am Schluß des Bandes genannt.)

2 Kluge, *Wörterbuch*, a.a.O., S. 328.

3 Grimm, *Wörterbuch*, a.a.O., 4. Bd. 2. Abt. Sp. 2147.

sachlich angemessenen Ausdruck, obgleich sich die sachliche Seite des Interesses (= Zins) im Gläubiger-Schuldner-Verhältnis verwandelte. Die Zinsen als Einbuße und Schaden des Schuldners sind auf seiten des Gläubigers ein Vorteil, Nutzen.

Aus der terminologischen Bezeichnung des Zinses durch das juristische Fachwort Interesse dürfte die bis heute übliche Bedeutung von Interesse als Vorteil, Nutzen sich herleiten. Belege für das erste Auftauchen von Interesse als Vorteil, Nutzen sind lexikalisch nicht nachgewiesen. Es ist aber plausibel, daß die Umwandlung der Bedeutung von Interesse aus Schaden in Nutzen, Vorteil erst mit der Entfaltung des Handelsverkehrs stattgefunden hat.

Das generelle Verbot des Zinsnehmens für Christen im Mittelalter und seine moralische Ächtung auch noch im lutherischen Protestantismus – im Unterschied zum Calvinismus – machen verständlich, daß Zinsen (= Interessen) primär als »aus Ersatzpflicht entstandener Schaden« von der Schuldnerseite aus gedeutet wurden. Die Nutzenseite des Zinsnehmens für den Gläubiger stand im Hintergrund; sie wurde zusätzlich dadurch als etwas Fremdes tabuiert, daß Zinsnehmen im Mittelalter nur Fremden und außerhalb der christlichen Gemeinschaft Stehenden (Juden) erlaubt war.

Funktionalistisch läßt sich das Verbot des Zinsnehmens aus seiner auflösenden Wirkung auf die durch Brauch und Sitte geregelten Gemeinschaftsbeziehungen deuten. Dieser Grund für das Zinsverbot war der mittelalterlichen Lebenswelt natürlich nicht bewußt. Die mit der Ausbreitung von Geldbeziehungen einhergehende Veräußerlichung und Versachlichung sozialer Beziehungen ließ sich nicht antizipieren. Vor Augen stand den Menschen vielmehr die Erfahrung der Gefahr von Verschuldung mit ihren sozialen Folgen; diese schreitet aus sich selbst heraus kumulativ fort. Denn außerhalb der sozial segmentierten Handelszentren konnte geliehenes Geld nicht kapitalistisch fruchtbar gemacht werden. Es diente als reiner Konsumtionskredit[4] hauptsächlich zur Wiederbeschaffung von Gebrauchsgütern in Unglücksfällen (Brand, Seuchen). Übermäßige Kreditaufnahme drohte, den

4 Auch Smith hält Konsumtionskredite für »dem Interesse beider Teile zuwider« in: *Untersuchung*, a.a.O., Bd. II, S. 108.

zahlenmäßigen Bestand freier Bauern bzw. selbständiger Handwerker und Kaufleute zu verringern und gefährdete damit die soziale und militärische Organisation des mittelalterlichen Stadt- und Landlebens.

Von der Warte späterer Reflexion auf die – der damaligen Zeit kaum bewußten – sachlichen und sozialen Dimensionen des Zinsverhältnisses, das sprachlich als Interessenbeziehung ausgedrückt wurde, lassen sich zunächst folgende Momente festhalten, die offenbar generell für den Begriff des Interesses als Kategorie zur Bezeichnung besonderer gesellschaftlicher Beziehungen wichtig sind[4a]:

1. *Sachlich* liegt im mittelalterlichen Zinsverhältnis eine Beziehung der Ungleichheit. Die Zinszahlung bedeutet für den Schuldner eine Vermögenseinbuße, deren Höhe den Vorteil des Gläubigers ausmacht. Allgemein und positiv ausgedrückt: Das Interesse ist ein Vorteil, der auf dem Schaden eines anderen beruht.

2. *Sozial* erscheint der sachliche Inhalt des Zinsverhältnisses als der Vorteil eines Fremden, da die Gläubiger in der Regel Fremde waren. Der Vorteil des Fremden beruht zwar auf dem Schaden des Schuldners, aber die faktisch im Geld liegende Macht kann der Fremde gesellschaftlich nicht ausüben, weil er als Fremder sozial unterprivilegiert ist. Die eigentliche Bedro-

4a Die drei Dimensionen »zeitlich, sachlich, sozial« sind terminologisch von Luhmann übernommen worden. Luhmann entwickelte sie als drei Modi der Generalisierung von Verhaltenserwartungen, die typische Mechanismen der Strukturbildung in Systemen bilden. Vgl. N. Luhmann *Soziologie als Theorie sozialer Systeme*, in; *KZSS*, 19. Jg., H. 4, 1967, s. 625 ff. Die hier vorgenommene rein terminologische Anleihe bei Luhmann hat keine Beziehung zu dem bei ihm durch die drei Dimensionen abgedeckten sachlichen Gehalt. Die Unterscheidungen sollen hier lediglich dazu dienen, die Besonderheit des Zinsverhältnisses im Mittelalter als einer konkreten Beziehung zwischen Gläubiger und Schuldner durch die isolierende Heraushebung der drei genannten Dimensionen deutlich zu machen. Eine davon unabhängige, aber der Luhmannschen Thematik der Generalisierung von Verhaltenserwartungen folgende Fragestellung wäre, wodurch sich die in interessestrukturierten Sozialbeziehungen vorliegende Generalisierung von faktischem und erwartetem Verhalten von der an Normen orientierten Generalisierung von Verhaltenserwartungen unterscheidet. Die Besonderheit und Stabilität von Interessebeziehungen scheint darin zu liegen, daß die generelle Erwartung, jeder orientiere sich in seinem Verhalten nur an seinen wie auch an fremden Interessen, als faktisch wirksames Motiv des Handelns zeitlich, sachlich und sozial für alle Interaktionspartner als empirisch gültig angenommen werden kann.

hung für die mittelalterliche Gesellschaft liegt in der mit »gemeinschaftlichen« Sozialbeziehungen unvereinbaren andersartigen Einstellung und Orientierungsweise des Geldverleihers. Die Gefahr der Nachahmung dieser gleichsam »interesseorientierten« Verhaltensweise wurde aber dadurch verhindert, daß es das Verhalten eines Fremden war. Geldleihe als soziale Beziehung ist von der Sache her durch ein unpersönliches Verhaltensmuster gekennzeichnet. Die sachliche, unpersönliche Beziehung zum Geldverleiher war sozial ermöglicht, weil ein Mitglied der Gemeinschaft zu Fremden keine oder nur formale, genau definierte Beziehungen haben durfte. Die Fremdheit im interesseorientierten Verhalten (als Zinsverhältnis) war so in doppelter Weise konstituiert: die Verhaltensweise ist formal, den Gemeinschaftsbeziehungen fremdartig und zugleich gefährlich, aber der Zinsempfänger ist ein Fremder, dessen andersartige Verhaltensweise und Geldmacht aufgrund seiner Unterprivilegierung sozial neutralisiert ist. Allgemein gewendet: Der Vorteil des anderen ist ein fremdes Interesse, Interesseorientierung als allgemeines Verhaltensmuster impliziert Sozialbeziehungen wechselseitiger Fremdheit. – Der sachliche und soziale Inhalt des Zinsverhältnisses hätte in der mittelalterlichen Gesellschaft nur als Argument gegen Geldleihe zu Zinsen dienen können: der sachliche Inhalt widerspricht der Vorschrift des gerechten Preises, denn Geld wirft keine Jungen wie das Vieh (Aristoteles); der soziale Inhalt bedeutet, daß die Kinder Gottes in die Zinsknechtschaft heidnischer Fremder (der Feinde Gottes) fallen.

3. Gründe zur Rechtfertigung des Zinsnehmens hätten nur aus der *zeitlichen* Dimension des Geldleiheverhältnisses gewonnen werden können. Ein Argument lieferte der Rechtsausdruck des Zinsverhältnisses im Römischen Recht, der den Terminus »inter-esse« in seiner ursprünglichen Bedeutung als »Dazwischensein in der Zeit« verwendet.[5] Der Zeitraum zwischen Geldleihe und Rückzahlung bedeutet für den Gläubiger einen entgangenen Nutzen, da dieser sein Geld möglicher-

5 Vgl. Artikel *Interest* (= Zins) in der *Encyclopaedia of the Social Sciences*, Vol. 7, p. 131: »The modern term comes from the Roman Law expression for an indemnification for damage due to the delay in the interval (interesse) before repayment.«

weise inzwischen hätte gewinnbringend anlegen können. Deshalb müssen bei der Rückzahlung dem Gläubiger die inzwischen entgangenen Nutzungschancen, die ja zugleich ein dem Gläubiger durch Geldleihe entstandener Schaden sind, in Form von Zinsen zurückerstattet werden.
Wahrscheinlich ist die Rechtsformel des Römischen Rechts, die den Zins als Vergütung entgangenen Nutzens im Zeitintervall (interesse) zwischen Geldleihe und Rückzahlung bestimmte, die Grundlage für die Bedeutung des mittelalterlichen juristischen Fachwortes Interesse als »aus Ersatzpflicht entstandener Schaden«. Das Phänomen entgangenen Nutzens infolge Geldleihe auf seiten des Gläubigers dürfte im späten Rom, anders als im Mittelalter, aufgrund des relativ weit entwickelten Tauschverkehrs und des ausgebreiteten Sklavenmarktes als lukrative Geldanlage allgemeiner sozialer Erfahrung zugänglich gewesen sein. Im Mittelalter gab es »Produktionskredite« nicht mehr und noch nicht – ökonomisches Indiz gesellschaftlicher Statik. Die Begründung des Zinses aus der zeitlichen Dimension des Geldleiheverhältnisses im Römischen Recht wäre im Mittelalter als Legitimationsbasis des Zinses vielleicht akzeptabel, aber von der Sache her unverständlich gewesen, weil es infolge des geringen Tausch- und Handelsverkehrs praktisch keine anderen Anlagemöglichkeiten für Geld gab als wiederum Verleihen gegen Zins.
Drei Möglichkeiten bieten sich an, um den Ursprung des mittelalterlichen Rechtsausdrucks für das Zinsverhältnis zu erklären:
1. Die römische Rechtsformel des Zinsverhältnisses wird direkt übernommen, um dem Zinsverhältnis im Mittelalter einen legalen Rechtsausdruck zu geben.
2. Die römische Rechtsformel wird im Mittelalter zunächst als allgemeine Formel des Schadenersatzrechts verwendet und dann auch auf Geldleiheverhältnisse übertragen.
3. Grundlage des mittelalterlichen Schadenersatzrechts war die Formel des römischen Schadenersatzrechts. Diese Formel wurde als Rechtsausdruck des Zinsverhältnisses verwendet.
Im spätrömischen Recht wurde mit dem Interesse, das ein Geschädigter an dem geschädigten Gegenstand hatte, ein den objektiven Wert des Schadens übersteigender Ersatzanspruch legalisiert, der die subjektive Wertschätzung des Geschädig-

ten materiell vergütete.[6] Unabhängig davon, wie die mittelalterliche Rechtsformel für das Zinsverhältnis entstand, ist allein entscheidend, daß das mittelalterliche Zinsverhältnis von der Schuldnerseite her interpretiert werden mußte, um einerseits Zinsnehmen durch Fremde zuzulassen und andererseits Zinsen als negatives Phänomen (Schaden des Schuldners) darzustellen. Der Zins mußte als Annexinstitut der moralischen und legalen Verpflichtung zur Rückzahlung von geliehenem Geld legalisiert werden, weil faktisch nur unter dieser Bedingung Geld zu leihen war, und doch mußte er zugleich als etwas Illegitimes dargestellt werden, auf das nur außenstehende Fremde legal Anspruch erheben können. Für die Innenbeziehungen der Gemeinschaft ist Zins immer ein Schaden. Das Tabu über dem Geldleihen ist nicht nur bloßes Indiz, sondern gehört notwendig zur gesellschaftlichen Statik des Mittelalters.

Erwägt man die Bedeutung der sachlichen, sozialen und zeitlichen Dimension des Interessebegriffs im römischen und mittelalterlichen Zinsverhältnis im Hinblick auf die historische Entwicklung des Interessebegriffs bis zum bürgerlichen Selbstverständnis, so ist zweifellos die *zeitliche* Dimension am wichtigsten. Im interesseorientierten Handeln versucht das Individuum, seinen Handlungsverlauf vorweg gegen resultatmindernde Bedrohungen abzusichern, die infolge der zeitlichen Erstreckung der Handlung als unvorhersehbare Risiken der Handlungssituation innewohnen. Das im Interesse ausgedrückte Bestreben, ein möglichst ergiebiges Handlungsresultat zu sichern, richtet sich vor allem auf den effizienten Einsatz der Mittel als die am ehesten kontrollierbaren Elemente der Handlungssituation. Die Notwendigkeit, die in zeitlich weitgesteckten Handlungen fixierten Mittel gegen resultatmindernde Situationsveränderungen abzusichern, ergibt sich vornehmlich für Mittel genereller Art, deren Verwendungszweck, wie beim zentralen historischen Beispiel der Geldleihe, sachlich gleichsam unbegrenzt ist. Die Mannigfaltigkeit der Verwendungsarten genereller Mittel impliziert mit zeitlicher Erstreckung der einmal vorgenommenen Mittelver-

6 Zum Interessebegriff im römischen und im modernen bürgerlichen Schadensersatzrecht siehe: Manigk, Art. *Interesse* in: *Hdwb. der Rechtswissenschaft*, Bd. III, S. 299.

wendung logisch die Vervielfältigung je situativ lukrativer Verwendungschancen.
Aus der *sozialen* Beziehung des Zinsverhältnisses im Mittelalter ist nicht wegzudenken, daß der Zinsempfänger ein Fremder ist. Interesse (= Zins) als positiv gewendeter Begriff, der die Legitimität eigensüchtiger Vorteilsverfolgung ausdrückt, dürfte bei der bürgerlichen Umwertung der aus dem Mittelalter übernommenen Strukturmodelle der Weltinterpretation[7] das Moment der Fremdheit in den Sozialbeziehungen interesseorientiert Handelnder kaum verloren haben; vielmehr wurde der soziale Inhalt des Interessebegriffs gleichsam universalisiert.
Anders steht es mit dem *sachlichen* Inhalt des Interessebegriffes: Er verkehrt sich in der Neuzeit in sein Gegenteil. Der Vorteil des einen setzt nicht mehr notwendig den Nachteil des anderen voraus, sondern erfordert sogar dessen eigenen Vorteil als Bedingung interesseorientierter Handlungszusammenhänge. Historisch-gesellschaftlich gründet diese Veränderung der sachlichen Dimension im Interessebegriff in der sukzessiven Entwicklung der bürgerlichen Gesellschaft von einer einfachen Marktgesellschaft innerhalb eines absolutistischen Staatssystems zum entfalteten kapitalistischen System von Staat und Gesellschaft.

2. Zur Geschichte des Interessebegriffs seit der Neuzeit, dargestellt anhand der Stichworte in Fachlexika

R. Eisler definiert in seinem *Wörterbuch der philosophischen Begriffe* Interesse als: »Dabeisein des Gemüts, Anteilnahme des Ich an einem von ihm als lustvoll, erstrebenswert, willensgemäß, zweckvoll Gewerteten, willige Hingabe der psychischen Energien an die Beschäftigung mit etwas. Was in Beziehung zu (aktuellen oder potentiellen) Zwecken des Ich steht, bildet den Gegenstand eines Interesses, ›interessiert‹ uns. Interessant (anziehend) ist, was durch seinen (mittelbaren

7 Blumenberg interpretiert in seiner *Legitimität der Neuzeit* das Selbstverständnis der Neuzeit am Leitfaden der Umbesetzung von Denkvoraussetzungen und Strukturmodellen, die uneingestanden aus dem Mittelalter und der Antike übernommen wurden.

oder unmittelbaren) Wert zur Beschäftigung mit ihm anreizt und uns fesselt.«[8]

Ähnlich schreibt Hoffmeister in seinem *Wörterbuch der philosophischen Begriffe:* »›Interesse‹, lat. ›Dazwischensein‹, ›Gegenwärtigsein‹, die aus ursprünglichen vitalen und psychischen Antrieben oder Bedürfnissen stammende Anteilnahme des Menschen an einem anderen, an einer Sache oder an einem Geschehen. In diesem Sinne sind Interessen transitive Strebungen oder Triebfedern.«[9]

Beide Definitionen gehen auf die eingangs genannte zweite und dritte Wortbedeutung des lateinischen inter-esse zurück. Im Interesse wird eine enge Beziehung zwischen dem anteilnehmenden Ich und dem affektiv besetzten Gegenstand ausgedrückt, wobei der Grund dieses Interesses nicht näher angegeben wird. Fragen nach den Gründen oder Motiven der Beziehung zwischen Ich und Gegenstand werden vielmehr abgeschnitten mit der bloßen Bekundung, die Beziehung gründe im Interesse des betreffenden Ich. Interesse erscheint so als ein sich selbst Begründendes. Es ist gleichzeitig Grund und Folge der Vermittlung zwischen zwei sich zunächst wesentlich fremden Wesen: dem Subjekt und seinen Gegenständen. Das Moment der irreduziblen Unmittelbarkeit im Interesse erscheint schon in der lateinischen, unpersönlichen Konstruktion »interest«. Das syntaktische Subjekt in »es interessiert« soll ja gerade die Frage nach dem durch das »es« nur syntaktisch angezeigten Grund der Interesse-Beziehung zwischen Innenwelt des Ich und Außenwelt der Gegenstände offenlassen, denn es ist nicht eindeutig bestimmbar, ob der Grund im Gegenstand, im Ich oder in der Relation beider liegt. Die beiden angeführten Definitionen schwanken dementsprechend in der Bestimmung der Ursache des Interesses zwischen der Subjektseite und der Gegenstandseite.

Die von Eisler angeführten Adjektive: lustvoll, erstrebenswert, willensgemäß, zweckvoll gewertet, bezeichnen eine Relation zwischen Subjekt und Gegenstand, wobei nicht auszumachen ist, ob die Ursache der Relation primär in Eigenschaften des Subjektes oder des Gegenstandes liegt. Die Adjektive zeigen eher, daß die Relation selbst darin ihren

8 Eisler, *Wörterbuch*, a.a.O., Bd. I, S. 767.
9 Hoffmeister, *Wörterbuch*, a.a.O., S. 334.

Grund hat, daß sie reflexiv für den Subjektpol der Relation von wesentlicher Bedeutung ist. Die Aussage, uns interessiert, was interessant (anziehend) ist, weil es in Beziehung zu (aktuellen oder potentiellen) Zwecken des Ich steht, ist nur scheinbar tautologisch und zirkulär. Interesse als Beweggrund einer Handlung ist immer umfassender als der interessierende Gegenstand oder das Resultat der Handlung. Das bewegende Interesse ist gleichsam eine intentionale Totalität, der gegenüber das Resultat, der Gegenstand, in dem offenbar wird, was jeweils das besondere motivierende Interesse war, nur als Moment in dieser Totalität erscheint.
Hoffmeisters Definition des Interesses als »aus ursprünglichen vitalen und psychischen Antrieben oder Bedürfnissen stammende Anteilnahme des Menschen an einem anderen, an einer Sache oder einem Geschehen« erklärt nicht, was das Wesentliche und Eigentümliche am Interesse ist. Denn die Angabe des Ursprungs der Anteilnahme (des Interesses) zeigt nicht den Grund des Entspringens. Ein Entsprungenes ist aber ein vom Ursprung auch Verschiedenes und Selbständiges, denn als mit dem Ursprung Identisches wäre es nicht entsprungen, bzw. als Unwesentliches und Unselbständiges käme ihm kein eigener Name zu, der ja gerade die Differenz und Eigenheit bestimmen soll. – Aus Hoffmeisters Definition ist nicht zu ersehen, warum es noch einer besonderen Anteilnahme, eines Interesses bedarf, um die psychischen Antriebe und Bedürfnisse mit ihren Objekten zu verknüpfen. Warum soll der Antrieb nicht sein Ziel ohne das Dazwischenkommen eines Interesses erreichen oder das Bedürfnis als Empfindung eines Mangels nicht von selbst den Gegenstand seiner Befriedigung gleichsam auf kürzestem Wege, ohne Interpolation der Zwischenstufe Interesse, finden? Bei Tieren spricht man ebenfalls von Antrieben und Bedürfnissen, jedoch nie von Interessen. Somit reflektiert sich eine Besonderheit der menschlichen Lebenswelt darin, daß zwischen das Ich und seine Lebensäußerungen ein Drittes – ein Interesse – als Vermittelndes eingeschoben wird. Marx spricht diesen Sachverhalt einmal polemisch aus, indem er zugleich das in ihm enthaltene reale verdinglichende Moment namhaft macht: »Im Interesse schiebt der reflektierende Bourgeois immer ein Drittes zwischen sich und seine Lebensäußerung, eine Manier,

die wahrhaft klassisch bei Bentham erscheint, dessen Nase erst ein Interesse haben muß, ehe sie sich zum Riechen entschließt.«[10]

Einerseits soll im Interesse als Handlungsmotiv, im Unterschied zu Bedürfnis und Trieb, das Moment der Reflexion und eigenen Setzung festgehalten werden, andererseits soll Interesse aber gerade das Unmittelbare sein: erleuchtet und vernünftig und doch zugleich unmittelbar und blind wirkend. Diese beiden Momente machen den Begriff des Interesses zu einem Wort, mit dem alles – damit aber auch nichts – erklärt werden kann. Der expansiven, bedenkenlosen Verwendung von »Interesse« haftet deshalb immer ein Moment der Verdinglichung an.

Am Interesse gibt es nichts zu erklären, jeder versteht, was gemeint ist, es ist das scheinbar Klarste: ein einfaches Auskunftsmittel, eine undefinierbare Grundidee, wie die Bewegung. Helvetius spricht das aus, wenn er dem Interesse in der Moral den analogen theoretischen Stellenwert zuschreibt, den die Bewegung in der Physik hat: »So ist die natürliche Welt den Gesetzen der Bewegung unterworfen, ebenso ist die sittliche Welt der Bewegung des Eigennutzes (frz. l'intérêt) unterworfen«.[11] Daß das französische »l'intérêt« im Deutschen mit Eigennutz übersetzt wird, mag daher rühren, daß zu dieser Zeit in Europa die meisten historisch nachweisbaren Bedeutungen des Wortes Interesse gleichermaßen gängig waren. Einige Beispiele aus der deutschen Sprache: In den Werken Gellerts und Lessings wird das Wort in der Bedeutung von Zins für ausgeliehenes Kapital häufig verwendet, entsprechend seiner häufigsten Verwendung in der gewöhnlichen Sprache. Zur gleichen Zeit bürgert sich Interesse aber auch als milderes Wort für Gewinnsucht, Eigennutz ein. In der Kultursprache gewinnt Interesse zu dieser Zeit die Bedeutung von Anteilnahme, Wohlgefallen an einer Sache; z. B. Goethe: »Jugend ist vergessen / aus geteilten Interessen / Alter ist vergessen / aus Mangel an Interessen.«[12] Diese Bedeutung erlaubt gleicherweise

10 Marx, *Dt. Ideologie*, a.a.O., S. 194.

11 Helvétius, *Geist*, a.a.O., S. 55; im franz. Text: »Si l'univers physique est soumis au loi du mouvement, l'univers moral ne l'est pas à celles de l'intérêt« (nach Eisler, *Wörterbuch*, Art. *Interesse*).

12 Die Beispiele sind Grimms Wörterbuch, a.a.O., Art. *Interesse*, entnommen.

die reflexive und transitive Verbform. »Sich für etwas interessieren« unterstellt keineswegs, daß dies Interesse persönliche Vorteile verfolgt, es kann genausogut die Anteilnahme an etwas zugunsten anderer gemeint sein oder, ganz ohne Bezug auf Personen, die an der Sache selbst. Analoge Personen- oder Sachbeziehungen sind auch mit dem transitiven »Jemanden für etwas interessieren« vereinbar. Interesse als Wertschätzung des Gegenstands, von dem der interessierende, anziehende Reiz ausgeht, der also ein »interesseloses« Wohlgefallen erzeugt, erhielt durch Chr. Garve und Kant[13] in der Ästhetik einen ausgezeichneten Stellenwert. Die lateinische Bedeutung von »inter-esse« als anteilnehmen, gegenwärtig sein, erfährt eine besondere Akzentuierung in der Pädagogik durch den Begriff der Aufmerksamkeit. Im Interesse wird eine dauerhafte Disposition gesehen, die für die ihm entsprechenden Gegenstände erhöhte Aufmerksamkeit und rege Anteilnahme weckt. »Das Interesse weckt und fixiert die Aufmerksamkeit, es bewirkt eine genauere Apperzeption, Auffassung, ein treueres, festeres Gedächtnis, ein besseres Verständnis, ein leichteres und gründlicheres Denken, eine Erhöhung der Quantität und Qualität der Arbeit, der Ausdauer usw.«[14] Herbart, der große Pädagoge des Bürgertums im 19. Jahrhundert, räumt als erster dem Begriff des Interesses eine zentrale Stelle in der Pädagogik ein. Ihm ist am Interesse vor allem das Moment der Selbsttätigkeit wichtig.

Kennzeichnend für die eminente Bedeutung des Interessebegriffs in der Pädagogik ist die Tatsache, daß in einer Bibliographie deutscher Hochschulschriften von 1900-1955 im *Archiv für Begriffsgeschichte*[15] unter dem Stichwort »Interesse, interessant« von den einzigen vier angegebenen Schriften zum Interessebegriff drei über den Begriff des Interesses in der Pädagogik handeln. In der Psychologie des 19. Jahrhunderts (Ebbinghaus, Ostermann) wird Interesse vor allem mit Gefühl identifiziert, bedingt vor allem durch das Weiter-

13 Bei Kant begründet allein das Wohlgefallen am Kunstgegenstand, im Unterschied zum Naturschönen, an sich kein Interesse. »Nur in der Gesellschaft wird es interessant, Geschmack zu haben . . .« *Kritik der Urteilskraft,* a.a.O., S. 281; vgl. Hoffmeister, *Wörterbuch,* a.a.O., S. 334.

14 Eisler, *Wörterbuch,* a.a.O., Bd. I, S. 767.

15 *Archiv für Begriffsgeschichte,* a.a.O., Bd. 5, S. 255.

schleppen hedonistischer und utilitaristischer Elemente der bürgerlichen Assoziationspsychologie des 18. Jahrhunderts.

3. Der Interessebegriff in der Soziologie

Auffallend ist das Verhältnis der Sozialwissenschaften, besonders der Soziologie, zum Interessebegriff. Einerseits wird auf den »ehrwürdigen Begriff des Interesses« in der Soziologie verwiesen[16], andererseits ist er in sozialwissenschaftlichen Lexika selten behandelt, besonders in deutschen Lexika fehlt dieses Stichwort, was nach von Ferber eine entscheidende Lücke im Blickfeld der Soziologie zeigt.[17]
Einen zentralen Wert hat der Begriff des Interesses vor allem in der Soziologie im 19. Jahrhundert und zu Anfang des 20. Jahrhunderts. L. v. Stein sah im Interesse das Prinzip, das die Mannigfaltigkeit der Einzeltätigkeiten zur Einheit des Systems der Gesellschaft vermittelt. »Dieses, alle menschliche nach außen gerichtete Tätigkeit beherrschende, allgegenwärtige, in jedem einzelnen lebendige, seine ganze gesellschaftliche Stellung bedingende Bewußtsein nennen wir *das Interesse. Das Interesse,* indem es den Mittelpunkt der Lebenstätigkeit *jedes* einzelnen in Beziehung auf jeden anderen, mithin der ganzen gesellschaftlichen Bewegung abgibt, ist daher *das Prinzip der Gesellschaft.*«[18]
Für M. Weber bildet die Orientierung sozialen Handelns an Interessenlagen (eigenen und fremden) eine besonders stabile Regelmäßigkeit im Ablauf des Handelns. Genuines Feld interesseorientierten Handelns ist der Marktverkehr; aber auch zweckrationale Organisationen verdanken ihre Stabilität eigenverantwortlicher Interessenverfolgung. Gerade der zweckrationale Charakter interesseorientierten Handelns garantiert eine Stabilität gesellschaftlicher Strukturen, die der durch normative innere Bindung bewirkten Regelmäßigkeit

16 Popitz, *Begriff der sozialen Rolle,* a.a.O., S. 39, Anm. 45.
17 von Ferber, *Die gesellschaftliche Rolle des Interesses,* a.a.O., H. 4, S. 213, Artikel über den soziologischen Interessebegriff fehlen in *HdsW, Wörterbuch der Soziologie, International Encyclopaedia of the Social Sciences;* die *IESS,* Vol. 7, enthält nur Artikel über ›interest‹ (= Zins) und ›interest groups‹; in *A Dictionary of the Social Sciences* findet sich hingegen ein Artikel über ›Interest‹ (Pol. Science).
18 von Stein, *Geschichte der sozialen Bewegung,* a.a.O., Bd. I, S. 42 f.

des Handlungsverlaufs überlegen ist. Die Eigenverantwortlichkeit des interesseorientierten Handelns ist eine wesentliche Komponente des von Weber bezeichneten Gangs der Rationalisierung in der Geschichte, wie sie besonders die Entwicklung der bürgerlichen Gesellschaft charakterisiert. Ihre sozialgeschichtliche Voraussetzung liegt in der durch die Ausbreitung der Bereiche zweckrationalen Handelns (Wirtschaft, Staatsverwaltung) bedingten Zerstörung primärer, naturwüchsiger Gesellschaftsverbände, deren Stabilität durch Sitte, Brauch und Konvention »normativ» erzwungen wurde. »Zahlreiche höchst auffallende Regelmäßigkeiten des Ablaufs sozialen Handelns, insbesondere (aber nicht nur) des wirtschaftlichen Handelns, beruhen keineswegs auf Orientierung an irgendeiner als ›geltend‹ vorgestellten Norm, aber auch nicht auf Sitte, sondern lediglich darauf: daß die Art des sozialen Handelns der Beteiligten der Natur der Sache nach ihren normalen, subjektiv eingeschätzten *Interessen* so am durchschnittlich besten entspricht und daß sie an dieser subjektiven Ansicht und Kenntnis ihr Handeln orientieren; so etwa Regelmäßigkeiten der Preisbildung bei ›freiem‹ Markt. Die Marktinteressenten orientieren eben ihr Verhalten, als Mittel, an eigenen *typischen* subjektiven wirtschaftlichen Interessen als ›Zweck‹ und an den ebenfalls typischen Erwartungen, die sie vom voraussichtlichen Verhalten der anderen hegen, als ›Bedingungen‹, jenen Zweck zu erreichen. Indem sie derart, *je strenger* zweckrational sie handeln, desto ähnlicher auf gegebene Situationen reagieren, entstehen Gleichartigkeiten, Regelmäßigkeiten und Kontinuitäten der Einstellung und des Handelns, welche sehr oft weit stabiler sind, als wenn Handeln sich an Normen und Pflichten orientiert, die einem Kreis von Menschen tatsächlich für »verbindlich« gelten. Diese Erscheinung: daß Orientierung an der nackten eigenen und fremden Interessenlage Wirkungen hervorbringt, welche jenen gleichstehen, die durch Normierung – und zwar sehr oft vergeblich – zu erzwingen gesucht werden, hat insbesondere auf wirtschaftlichem Gebiet große Aufmerksamkeit erregt: sie war geradezu eine der Quellen des Entstehens der Nationalökonomie als Wissenschaft. Sie gilt aber von allen Gebieten des Handelns in ähnlicher Art. Sie bildet in ihrer Bewußtheit und inneren Ungebundenheit den polaren

Gegensatz gegen jede Art von innerer Bindung durch Einfügung in bloße eingelebte ›Sitte‹, wie andererseits gegen Hingabe an wertrational geglaubte Normen. Eine wesentliche Komponente der ›Rationalisierung‹ des Handelns ist der Ersatz der inneren Einfügung in eingelebte Sitte durch die planmäßige Anpassung an Interessenlagen.« »Die Stabilität der Interessenlage beruht [...] darauf, daß, wer sein Handeln nicht an dem Interesse der anderen orientiert – mit diesem nicht ›rechnet‹ –, deren Widerstand herausfordert oder einen von ihm nicht gewollten und nicht vorausgesehenen Erfolg hat und also Gefahr läuft, an eigenem Interesse Schaden zu nehmen.«[19]

In den Ausdrücken: Handeln der Natur der Sache nach, Zweckrationalität des Handelns und Berücksichtigung der Reaktionen anderer im eigenen Kalkül der Interessenverfolgung wird der enge genetische und funktionale Zusammenhang zwischen Interessenorientierung, Differenzierung der Gesellschaft nach sachgemäßen Leistungsbereichen und Zweckrationalität der dominanten Handlungsstruktur angezeigt.

Pareto bringt den Begriff des Interesses in engem Zusammenhang mit dem Residuum der »Integrität des Individuums und seines Zubehörs« (§ 1207). Mag dahingestellt bleiben, ob Residuen instinktartige Handlungsantriebe sind oder zu Verhaltensdispositionen verfestigte normative Orientierungsweisen; wichtig ist hier allein die Struktur dieser Disposition, die adäquat am Modell konservativer Expansion deutlich gemacht werden kann. Die vom Residuum der Integrität konstituierten Gefühle »der Sicherheit des Individuums und seines Zubehörs« drücken sich in den zwei analytisch trennbaren Handlungsweisen der Verteidigung der Integrität der Persönlichkeit und ihres Besitzes sowie der Entwicklung der Persönlichkeit und Vermehrung ihres Besitzes aus. Diese zwei Handlungsweisen erscheinen aber konkret häufig miteinander verbunden, so daß die Expansion als Bedingung der Erhaltung und Verteidigung der jeweils erworbenen Position fungiert. Als struktureller Hintergrund, auf dem die Bedeutung dieses Residuums sinnfällig und plausibel wird, scheint mir – wie bei Weber explizit – ein Marktmodell des Handelns vorausge-

19 Weber, *Wirtschaft und Gesellschaft*, a.a.O., S. 15 f.

setzt zu sein. Dies würde auch Paretos Behauptung verständlich machen, daß die Kategorie »Interesse« logisch in die Klasse der Residuen der Integrität gehört. »Jenes Insgesamt von Gefühlen, die ›Interessen‹ heißen, ist von derselben Natur wie die Gefühle, denen die Residuen der vorliegenden Klasse entsprechen. Streng genommen, sollten sie ihnen zugerechnet werden. Die Interessen verfügen aber über eine so große innere Bedeutung für das gesellschaftliche Gleichgewicht, daß sie nützlicherweise unabhängig von den Residuen betrachtet werden.«[20] Daß als Beispiel des Zubehörs, in dem die Persönlichkeit ein Element ihrer Integrität sieht, der Besitz dient, andererseits im Terminus Zubehör aber die Äußerlichkeit der Relation zwischen Person und Besitz angedeutet wird, diese Relation dann aber wiederum unter dem Terminus der Integrität als ein durch den Besitz vermitteltes Verhältnis der Persönlichkeit zu sich selbst behauptet wird, charakterisiert das Verhältnis des bürgerlichen Eigentümers zu seinem Besitz. Der Bürger setzt sein Selbst in die Gegenständlichkeit des äußerlichen Besitzes. Deshalb ist seine Integrität nur zu schützen durch die Sicherung und Mehrung seines Besitzes. Nicht die Integrität ist sein Interesse, sondern die Wahrung seiner bürgerlichen Besitzinteressen definiert, was Integrität ist.

Bei Pareto finden sich selten genauere Bestimmungen oder gar Definitionen dessen, was Interessen sind; häufig läßt er es dabei bewenden, ihre Wichtigkeit für das gesellschaftliche Gleichgewicht zu betonen. Nur ein Paragraph in seiner Soziologie trägt den Titel: »Die Interessen« (§ 2009). »Die Individuen und die Kollektive werden vom Instinkt und von der Vernunft dazu getrieben, sich die nützlichen oder auch nur für das Leben angenehmen Güter anzueignen und auch Ansehen und Ehre zu gewinnen. Der Komplex dieser Handlungsantriebe, denen man den Namen ›Interessen‹ verleihen kann, hat einen großen Anteil an der Bestimmung des gesellschaftlichen Gleichgewichtes.« (§ 2010): »Einen höchst bemerkenswerten Teil der Erforschung dieses Komplexes bildet die Volkswirtschaftslehre.« Die Wendung »nützliche« und »angenehme« Güter legt eine hedonistische Interpretation des Paretoschen Interessebegriffs nahe: Interesse als Streben nach

20 Pareto, *System der allgemeinen Soziologie*, a.a.O., § 1207.

den Gütern, die man subjektiv als unmittelbar förderlich fürs eigene Wohl und Glück erachtet.
Parsons hebt demgegenüber in *The Structure of Social Action* hervor, daß Pareto den Terminus Interesse als Handlungstrieb für solche zweckrationalen Handlungen reserviert, deren Ziel im Erlangen generalisierter Mittel (Macht/Reichtum) für beliebige letzte Zwecke besteht. »Wealth and power are potential means to any ultimate ends of an intrinsic means – end system. [...] It is primarily these two generalized means to any ultimate ends, or generalized immediate ends of rational action, to which Pareto gives the name ›interests‹.«[21] Mit Macht, Reichtum und Prestige (Ansehen, Ehre) als drittem generalisierten Mittel verfügt Pareto für die drei wichtigsten sozialen Systeme (politisches, ökonomisches und gesellschaftliches System) über einen strukturell gleichen und doch inhaltlich – nach dem Bezugssystem – verschiedenen Interessebegriff.
Aus den Äußerungen der drei zitierten Soziologen zum Interessebegriff läßt sich für heuristische Zwecke ein »allgemeiner« Begriff des Interesses konstruieren, der die Darstellung von entscheidenden Knotenpunkten in der historischen Genese des Interessebegriffs leiten kann.
1. Interesseorientiertes Handeln unterstellt eigenverantwortliche Einzelne, die durch keine sozialen Schutzgarantien im Hinblick auf Risiken und Fehlschläge ihres Handelns abgesichert sind. Jeder ist vom anderen isoliert und verfolgt nur seine eigenen (selbstbezogenen) Interessen. Die möglichen Reaktionen und autonomen Handlungen aller anderen erscheinen nur als äußere Bedingungen – mit denen zu rechnen ist – im Handlungskalkül jedes Einzelnen. Der Atomismus der Aktoren in ihren autonomen Zielsetzungen impliziert, daß grundsätzlich alle Interessen gleicherweise legitim sind und von jedem als berechtigt anerkannt werden müssen. Für den Handelnden gibt es außer seinen »subjektiven« Interessen nur Fakten und Daten der Handlungssituation. Ver-

21 Parsons, *Structure of Social Action,* a.a.O., p. 262 f. Bei Pareto einen utilitaristischen bzw. hedonistischen Interessebegriff zu vermuten, dürfte abwegig sein, weil gerade er das Nützlichkeitskonzept der traditionellen ökonomischen Entscheidungstheorie durch seine reine Wahlhandlungstheorie von allen Restbeständen der utilitaristisch-hedonistischen Psychologie reinigen will. Da aber nach Pareto Interesse als Handlungsantrieb in der Ökonomie eine bedeutende Rolle spielen soll, kann dieser Begriff nicht psychologisch gemeint sein.

pflichtende Interaktionen zwischen den einander fremden Einzelnen werden nach dem Vertragsmodell gedacht, dem zufolge jeder freiwillig zum wechselseitigen Vorteil Vereinbarungen eingeht, deren verpflichtender Charakter mit der Erfüllung der vereinbarten Leistung sich von selbst aufhebt.

2. Die subjektive Definition der Situation, in der die Aktoren unabhängig voneinander nur eigene Interessen verfolgen, ist insofern für alle strukturell gleichartig, als jeder die Situation als ein neutrales Feld von nur sachlichen Gegebenheiten und Funktionsbeziehungen wahrnimmt (Modell: Marktmechanismus). Im Rahmen der sachlichen Notwendigkeiten macht jeder alle Elemente der Handlungssituation von seinem Interesse her kommensurabel. Zweckrationalität interesseorientierten Handelns bedeutet, daß bei gegebenen Zwecken die Sollform des Handelns gleichsam durch als technisch zu verstehende (und auch so interpretierte) Mechanismen der Logik der Situation vorgeschrieben ist.

3. Hinsichtlich der erstrebten »Objekte« läßt sich interesseorientiertes Handeln als die Intention der Verfügung über generalisierte knappe Mittel bestimmen. Diese Mittel – Reichtum, Macht, Prestige – sind aus gesellschaftlichen Gründen knapp, solange ihr jeweiliger Wert als generalisierte Mittel für den Einzelnen durch die Relation seiner Über- bzw. Unterlegenheit gegenüber anderen bestimmt wird. Das gilt vor allem für Macht und Prestige, die als generalisierte Mittel gesellschaftlich nur funktionieren können, wenn in der sozialen Definition von Macht und Prestige Knappheit analytisch als Bestimmung enthalten ist. Ob die Knappheit von »Reichtum« (als produktive Mittel) mit fortschreitender Arbeitsproduktivität abnehmen kann, läßt sich nur durch eine Analyse der gesellschaftlichen Organisation der Produktionsverhältnisse, in denen eine »Gesellschaft« ihren Stoffwechsel mit der Natur regelt, entscheiden. Systemtheoretiker (Luhmann) argumentieren, daß die Knappheit der Mittel mit zunehmender Komplexität sozialer Systeme steigt; die Komplexität der Systeme ist aber wesentlich durch das Wachsen des Mittelpotentials ermöglicht.

4. Zur Genese des soziologischen Interessebegriffs

Die Äußerungen der vier zitierten Soziologen enthalten die wesentlichen Momente des bürgerlichen Interessebegriffs. In ihm reflektieren sich die objektiv notwendigen Handlungserfordernisse der entfalteten bürgerlichen Gesellschaft als subjektive Handlungsorientierung der Individuen. Die Ursprünge dieses Interessebegriffs dürften in jenen Theorien zu finden sein, die zuerst aus dem Prinzip bürgerlicher Handlungsorientierung Theorien über Staat und Gesellschaft entwickelten. Das heißt jedoch nicht, daß das Prinzip der subjektiven Realitätsdefinition durch isolierte Einzelne wie die Orientierung des Handelns allein an Interessen schon von Anfang an mit dem Begriff des Interesses bezeichnet wird. Dies belegen die verschiedenen Angaben über den Ursprung des Interesses als Strukturbegriff subjektiver Handlungsorientierung. Einerseits läßt man die Geschichte des Interessebegriffs mit der französischen Aufklärung (Helvetius, Holbach, Diderot) beginnen.[22] Wo man dagegen weniger daran interessiert ist, wer zuerst den Begriff des Interesses thematisiert hat, sondern jenen Phänomenen nachspürt, die als wesentliche Momente später in den Begriff des Interesses eingingen, sieht man die Ursprünge des Interessekonzepts in der Affektenlehre der Renaissanceanthropologie[23] oder sogar in der hedonistischen und eudämonistischen Ethik der Spätantike.[24] Die als wesentlich behaupteten Momente des späteren Interessebegriffs werden in philosophischen Lexika[25] unter den Stich-

22 In den philosophischen Lexika, a.a.O.

23 Lunk, a.a.O., Bd. I, S. 44: über Vives (1492-1540). Vives sieht im Selbsterhaltungstrieb und im Streben nach Wohlbefinden die Grundanlagen des Menschen, die Betätigungen dieser natürlichen Anlagen erscheinen als Affekte; vgl. Dilthey, *Ges. Schriften,* a.a.O., Bd. II, S. 416 ff.

24 Sdrawomyslow, *Das Problem des Interesses in der marxistischen Soziologie,* a.a.O., H. 7, S. 750 ff.; allerdings findet Sdrawomyslow bei Lukrez, Aristoteles, Denkern der Renaissance sowie bei Hobbes, Spinoza und Vico nur vorlaufende Vermutungen über den Interessebegriff. Erst bei den französischen Materialisten nehme der Begriff des Interesses »den Charakter einer eigentlichen soziologischen Kategorie an« (S. 755).

25 Eisler, *Wörterbuch,* a.a.O., Bd. I, S. 298 ff., »*Egoismus:* praktische Ich-Bezogenheit, Selbstsucht, Eigennutz, Betonung des eigenen Ich und der Eigenziele.« Hoffmeister, *Wörterbuch,* a.a.O., S. 292, *Hedonismus:* »Lehre und Haltung, für die das Glück und Ziel des einzelnen Menschen sowie das Kriterium der Sittlichkeit überhaupt allein im Gefühl der Lust besteht.«

worten »Egoismus« und »Hedonismus« behandelt. Vornehmlich in diesem Zusammenhang wird auch auf Hobbes verwiesen.

Hobbes Bedeutung für die Genese des Interessekonzepts liegt darin, daß er als erster aus einem »egoistischen« Handlungskonzept als Grundeinheit der Theoriebildung ein »soziales« System deduziert. Nach Parsons Analyse in *The Structure of Social Action* führen alle Versuche, vom »egoistischen« Handlungskonzept aus – das er utilitaristisch nennt – Gesellschaft als System zu erklären, zum utilitaristischen Dilemma.[26] Entweder müssen die utilitaristischen Voraussetzungen, die Zufälligkeit der subjektiven Zielsetzungen isolierter Einzelner und Zweckrationalität als einzige Handlungsnorm aufgegeben werden, wenn die Einheit von Gesellschaft erklärt werden soll; das führt zu radikal deterministischen Modellen, die Gesellschaft und Handeln nur als Naturkausalität begreifen können. Oder man entwickelt die logischen Konsequenzen der utilitaristischen Voraussetzungen; das hat zur Folge, daß Gesellschaft nicht als Ordnung, sondern als Chaos bzw. in dessen Konsequenz als Zwangsverband verstanden werden muß. Nach Parsons ist es Hobbes' Verdienst, diese Logik mit eiserner Konsistenz[27] dargelegt zu haben.

Eine recht fragwürdige Position zwischen den Extremen des utilitaristischen Dilemmas nehmen nach Parsons einige bürgerliche Sozialphilosophen von Locke bis Smith ein, die entweder implizit normative Handlungsorientierungen in ihre somit nur vermeintlich utilitaristische Theorie einschmuggeln oder die zufälligen Zielsetzungen isoliert voneinander Handelnder durch metaphysische Harmoniebehauptungen untereinander kompatibel machen.

In beiden Fällen wird der ursprünglich vorausgesetzten Zufälligkeit der Zielsetzungen ihr eigentliches Gewicht genommen; da man vorgängig der Harmonie und Stabilität des Ganzen gewiß ist, kann man in der genetischen Konstruktion der Gesellschaft aus ihren Elementen ohne Bedenken von der Zufälligkeit und möglichen Gegensätzlichkeit in den Zielsetzungen der isolierten Aktoren ausgehen.

Aber auch Hobbes bedient sich – schon durch seine Methode

26 Parsons, a.a.O., p. 56 ff., 89 ff., 344 ff.
27 Parsons, a.a.O., p. 97, Anm. 1.

der Resolution und Komposition dazu genötigt – des für alle bürgerlichen Theoretiker typischen Verfahrens der genetischen Konstruktion der Gesellschaft aus analytisch ermittelten Elementen ihrer Gegenwart, nur daß er den Bürgerkrieg vor Augen hat und deshalb in der Entfaltung des egoistischen Handlungsmodells die zum Chaos führende Logik weitaus stärker hervorhebt als seine Nachfahren im Gegensatz zu ihm die Harmoniekonsequenz.

Auf der Abstraktionsebene, die Parsons zur Analyse des utilitaristischen Dilemmas wählt, kann man ihm kaum logische Stringenz absprechen. Aber er trifft nicht die eigentlichen soziologischen Probleme in der historischen Entwicklung »utilitaristischer« Handlungstheorien. Zwar erwecken die bürgerlichen Sozialphilosophen durch die scheinbar ahistorische Allgemeinheit ihrer Argumentation den Eindruck, daß sie das Problem, wie die Konstitution von Staat und Gesellschaft als System aus nur individualistischer Handlungsorientierung zu denken ist, in allgemeiner Weise – gleichsam wie Parsons selbst – behandelten. Entgegen ihrem eigenen expliziten Selbstverständnis entfalten sie aber entsprechend dem jeweiligen Entwicklungsstand der bürgerlichen Gesellschaft die Logik und Rationalität des Handelns bürgerlicher Eigentümer.[28]

Das partielle Recht und zugleich Unrecht der Parsonsschen Kritik utilitaristischer Handlungstheorien besteht darin, daß er die bürgerlichen Sozialphilosophen nur beim Wort nimmt und dann abstrakt die Konsequenzen ihrer Voraussetzungen entwickelt. Er übersieht, daß in die als subjektiv ausgegebenen Handlungsorientierungen und Situationsdefinitionen der isolierten Individuen objektive Verhaltensdeterminanten eingegangen sind, die aus der historisch sich ändernden objektiven Struktur der Situation herrühren. Diese objektiven Determinanten werden zwar von den bürgerlichen Sozialphilosophen nicht explizit reflektiert – weil sie Bürger sind wie auch Parsons –, aber sie sind in ihren individualistischen Handlungskonzepten enthalten und immanent aus ihren Theorien explizierbar.

Hobbes' Begriff des »Strebens« und Smith' »Interessebegriff« sind Vermittlungskategorien zwischen dem Individuum und

28 Jonas, *Zur Aufgabenstellung der modernen Soziologie*, a.a.O., S. 368.

dem »sozialen« System. Jedoch bestehen entscheidende Differenzen in der Vermittlungsfunktion des Hobbesschen Begriffs des »Strebens« und des Smithschen Interessebegriffs. Hobbes' »Streben« ist eine genetische Vermittlungskategorie, die erklären soll, wie in hypothetischer Rekonstruktion die Entstehung des Staates aus nur selbstbezogenen Strebungen der Einzelnen zu denken ist. Nach der vertraglichen Konstitution des Staates wird aber das Streben in seiner die Systemeinheit stiftenden und permanent reproduzierenden Vermittlungsfunktion außer Kraft gesetzt. Allein die Zwangsgewalt des Staates ist fortan der dauerhafte Vermittlungsmechanismus, der die Handlungen der selbstbezogenen Einzelnen zu einem System geordneter Strebungen integriert. Nur noch in ihrem staatlich pazifizierten Privatverkehr, der nach Ansicht der Zwangsgewalt keine Gefährdung der Systemintegration bedeutet, dürfen die Individuen gemäß der Struktur ihres Strebens, soweit ihm nicht durch staatliche Gesetze Grenzen vorgeschrieben sind, weiterhin beliebig miteinander und gegeneinander interagieren. Hobbes' »Streben« ist keine gesellschaftliche Kategorie, obgleich in sie soziale Prämissen eingegangen sind. Er eskamotiert die Gesellschaft, indem er das Streben als physiologisch-psychologisch bewirkten natürlichen Bewegungsimpuls ausgibt. Die Konsequenzen der menschlichen Strebungen entfaltete er in einem Strukturmodell, das explizit nur die politische Dimension des Prinzips subjektiver Situationsdefinitionen beachtet. Deshalb deduziert Hobbes die allgemeine Vermittlungsinstanz als Staat. Dieser verwirklicht aufgrund seines Machtmonopols die Bedingungen der Möglichkeit weiteren Strebens der Individuen. Aus Hobbes' Staatskonstruktion kann aber nicht die Entwicklung der bürgerlichen Gesellschaft erklärt werden. Er übersieht, daß der als Staat konstruierte Vermittlungsmechanismus der Individuen nicht das leisten kann, was die Bürger faktisch selbst erzeugen müssen: die Sicherung der Bedingungen der Möglichkeit weiteren Strebens durch einen aus ihren interesseorientierten Handlungen entspringenden Vermittlungsmechanismus, der sich als marktvermitteltes System privater Warenproduzenten entfaltet.

Während Hobbes das Prinzip der selbsttätigen Vermittlung selbstbezogener Strebungen einführt, es aber nicht durchhält, entwickelt Smith im Interessebegriff das Prinzip der permanenten Vermittlung der egoistischen Handlungen zum geordneten System einer Marktgesellschaft, ohne jedoch das Prinzip als das zu reflektieren, was es wirklich ist. Er sieht im Interesse der Individuen eine nur subjektive Handlungsorientierung, während in Wirklichkeit im Interesse sich die allgemeinen, für alle Individuen notwendigen objektiven Handlungserfordernisse für die Funktionsweise des Konkurrenzkapitalismus als Motivation und Orientierung des Handelns der Subjekte reflektieren.

Erst Marx entwickelt in seiner Analyse der Anatomie der bürgerlichen Gesellschaft die »objektiven« Bestimmungen im bürgerlichen Interessebegriff. Weil er die vermeintlich nur subjektiven Interessen als gesellschaftlich bestimmte Form der Vermittlung der Individuen erkennt, deren wahres individuelles Interesse in dieser Form gerade nicht zu seinem Recht kommt, ist der Begriff des individuellen Interesses nicht konstitutiv für die Analyse des Bewegungsgesetzes der bürgerlichen Gesellschaft, sondern aus diesem in seiner Funktion abzuleiten. Das individuelle Interesse sowohl auf seiten des Bürgers wie des Arbeiters erweist sich nach Marx als die Realisationsform des Klasseninteresses der Bourgeoisie. Ihm steht das objektive, durch die Struktur des kapitalistischen Produktionsverhältnisses inhaltlich bestimmte Klasseninteresse des Proletariats entgegen. Indem im Klasseninteresse des Proletariats die Widersprüche und objektiven Zwänge der bürgerlichen Gesellschaft im Hinblick auf ihre Abschaffung als bewußte Handlungsintention und empirisch wirkende Handlungsmotivation erscheinen, ist in ihm ein erfüllter »Begriff« des individuellen Interesses aufbewahrt und seine Legitimität erst wirklich ernst genommen. Da die bürgerlichen Sozialphilosophen im Interesse das Individuum einerseits zu seinem Recht kommen lassen wollen, aber andererseits in diesem individuellen Interesse als Vermittlungskategorie nicht die objektiven gesellschaftlichen Zwänge reflektieren, machen sie faktisch, ohne sich dessen bewußt zu sein, »aus dem Interesse eine irrationale Mischung aus subjektivem conatus und objektiven Bedingungen«.[29]

29 Sartre, *Kritik der dialektischen Vernunft*, a.a.O., S. 230.

II. Hobbes

1. Die technisch-normative Funktion der Methode

Hobbes beansprucht, mit seiner politischen Philosphie die erste wissenschaftliche Moral- und Staatslehre zu begründen. Auch wo die bisherige »politische Philosophie« und Ethik vorgab, auf reinen Vernunftprinzipien zu beruhen, war sie in Wirklichkeit Ausfluß der partikularen Leidenschaften und Vorurteile des jeweiligen Philosophen. Deshalb widersprachen die Menschen diesen vermeintlichen Geboten der Vernunft, wenn diese ihrem Interesse und Vorteil entgegenstanden.[1] Diese Prinzipien müssen in der Natur des Menschen, seiner Vernunft und seinen Leidenschaften gründen, wenn aus ihnen die sicheren Regeln gewonnen werden sollen, nach denen »Staaten zu schaffen und zu erhalten« sind.[2] Bislang war das nach Hobbes nicht möglich, weil es keine geeignete Methode dafür gab.

Hobbes' »klare und exakte Methode«[3] ist die in der Schule von Padua entwickelte, von Galilei auf die physikalischen Bewegungen und von Harvey auf den menschlichen Organismus erfolgreich angewandte Methode der Resolution und Komposition. Ein Komplex von Erscheinungen wird in seine einfachsten Elemente aufgelöst; nachdem man sich der elementaren Prinzipien vergewissert hat, nach denen die einfachen Elemente sich bewegen und ihre Wirkungen hervorbringen, rekonstruiert man die komplexe Erscheinung aus den Elementen entsprechend den sie regierenden Prinzipien, liefert also gleichsam eine Darstellung der hypothetischen Entstehungsgeschichte des analysierten Phänomens. Dieses für alle Zweige der Wissenschaft verbindliche Verfahren führt aber nur in der Geometrie und Staatsphilosophie zu demonstrierbar gewissen Erkenntnissen, während in der Naturphilosophie die Gewißheit der Erkenntnisse darin ihre Grenze hat, daß wir aus der Kenntnis der Wirkungen nur Vermutungen über deren Ursache anzustellen vermögen. Der prinzipielle

1 Hobbes, *Naturrecht*, a.a.O., S. 33.
2 Hobbes, *Leviathan*, a.a.O., S. 162.
3 Hobbes, *Körper*, a.a.O., S. 10.

Unterschied im Gewißheitsgrad gründet in der Differenz von Natur und Artefakten (geometrischen Figuren, Staatswesen). Zwar gibt uns die Darstellung der Komposition wissenschaftlich untersuchter Gegenstände immer nur die hypothetische Geschichte ihrer wirklichen Entstehung, aber im Fall der Artefakte verfügen wir über die Macht, diese aufgrund der bekannten Ursachen vermöge unserer eigenen Operation herzustellen.[4] Staatswesen errichten wir aufgrund unserer introspektiv erkennbaren Leidenschaften durch Verträge; geometrische Figuren konstruieren wir nach selbstgesetzten Regeln durch die Operationen unseres Geistes. »The science of every subject is derived from a precognition of the causes, generation, and construction of the same; and consequently where the causes are known, there is place for demonstration, but not where the causes are to seek for. Geometry therefore is demonstrable, for the lines of figures from which we reason are drawn and described by ourselves; and civil philosophy is demonstrable, because we make the commonwealth ourselves. But because of natural bodies we know not the construction, but seek is from the effects, there lies no demonstration of what the causes be we seek for, but only of what they may be.«[5]

Die Anwendung der resolutiv-kompositiven Methode auf Staat und Gesellschaft hat eine normative Funktion im technischen Sinne. Bei der Rekonstruktion einer geometrischen Figur ist das Resultat mit der vorgefundenen Figur identisch, obgleich der tatsächliche Weg ihrer ursprünglichen Konstruktion nicht unbedingt mit der idealen, ökonomischen Konstruktionsweise übereinstimmen muß. Hingegen führt die

4 Diese Auffassung Hobbes' steht im Widerspruch zu der heute herrschenden, daß die Naturwissenschaften einen größeren Gewißheitsgrad haben; andererseits haben die Naturwissenschaften sich heute andere Aufgaben gesetzt als die Hobbessche Naturphilosophie. Vgl. Habermas, *Die klassische Lehre von der Politik,* a.a.O., S. 41 f., Anm. 3: Hobbes' Charakterisierung der naturphilosophischen Erkenntnisart wird dem Stand der zeitgenössischen Naturwissenschaft nicht ganz gerecht; dagegen würde die wissenschaftstheoretische Charakterisierung der Sozialphilosophie der modernen Physik gerecht werden. »Hobbes will die klassische Lehre von der Politik nach dem Vorbild der modernen Wissenschaft revolutionieren, also Sozialphilosophie in der Art der zeitgenössischen Physik begründen.«

5 Hobbes, E. W., VII, p. 184, zitiert nach Watkins, *Hobbes' System of Ideas,* a.a.O., p. 69.

Rekonstruktion eines Staates nach den in der Analyse ermittelten idealen Konstruktionsregeln zu einem Resultat, das sich erheblich vom Ausgangsstaat unterscheidet, obwohl die einfachen Elemente und die sie regierenden Prinzipien in beiden Fällen identisch sein müssen, denn sie wurden erst aus der Resolution des bestehenden Staates gewonnen. In der Resolution wurde ermittelt, was die Menschen, ihre Leidenschaften und deren Wirkungsweisen sind. Die synthetische Rekonstruktion beweist, wie ein bürgerliches Gemeinwesen konstruiert sein muß, wenn es sich in Übereinstimmung mit der Natur des Menschen befinden soll.[6]

Das Programm der Hobbesschen Staatsphilosophie ergibt sich aus der Verfahrenslogik seiner Methode. Zwar liefert Hobbes in keiner seiner Schriften eine Darstellung der Resolution der bestehenden Gesellschaft, unterstellt aber deren Ergebnis in seiner Theorie der Leidenschaften als Axiome seiner Deduktionen.

Die Leidenschaften als ein Stück Natur sind weder gut noch böse. Sie sind nur Ausdruck dessen, was der Mensch als sich bewegender Körper notwendig zu seiner Selbsterhaltung erstrebt. Böse, also sinnvoll an moralischen Kriterien meßbar, können allein die aus den Leidenschaften hervorgehenden Handlungen sein, wenn sie nämlich gegen die »Gesetze der Natur« oder die bürgerlichen Gesetze verstoßen.[7] Hobbes gründet aber »das staatliche Recht der Souveräne und die Pflicht und Freiheit der Untertanen auf die bekannten natürlichen Triebe der Menschheit und auf die Grundsätze des Gesetzes der Natur«.[8] Unter der Voraussetzung, daß »die Gesetze der Natur« den Forderungen der Leidenschaften entsprechen, müssen im Prinzip die aus den Leidenschaften hervorgehenden Handlungen auch mit den bürgerlichen Gesetzen übereinstimmen können.

Die Gefährlichkeit menschlicher Handlungen kann also nicht

6 Zur normativen Funktion der resolutiv-kompositiven Methode, vgl. Watkins, *Philosophy and Politics in Hobbes*, a.a.O., p. 248 f., und Watkins, *Hobbes' System*, a.a.O., p. 66 ff.

7 Hobbes, *Bürger*, a.a.O., S. 69: »Die Leidenschaften, die aus der tierischen Natur kommen, sind nicht selbst böse, sondern nur die daraus hervorgehenden Handlungen, nämlich wenn sie schädlich sind und zugleich gegen die Pflicht verstoßen.«

8 Hobbes, *Leviathan*, a.a.O., S. 541.

unmittelbar darin bestehen, daß für Hobbes die einzigen ursprünglichen Motivationskräfte des Handelns in den Leidenschaften liegen. Sie gründet in dem, was die menschliche Natur von den Tieren unterscheidet: der Sprachfähigkeit des Menschen, durch die seine tierischen Leidenschaften einerseits erst menschlich, andererseits aber auch gefährlich und böse werden. Die durch Sprache ermöglichte Aufzeichnung der Vorstellungs- und Gedankenprozesse im menschlichen Geist gibt dem Menschen kraft der jederzeit reproduzierbaren Erinnerung früherer Erfahrungen und Empfindungen eine Zeitlichkeitsstruktur, die ihn durch reflektierende Vorwegnahme der eigenen Zukunft in den Stand setzt, zukunftsorientiert zu handeln. Die sprachlich bedingte Vernunftfähigkeit des Menschen verstärkt aber auch das Potential seiner Motivationskräfte, denn den Menschen »macht sogar der künftige Hunger hungrig«.[9]

Alle Vorteile, die die Sprache dem Menschen gewährt, sind gleichzeitig auch Nachteile, da jeder die Sprache für eigene Zwecke mißbrauchen kann. Einerseits ermöglicht die Sprache, daß sich die Menschen untereinander verständigen, ihre je eigenen Gedanken und Gefühle einander mitteilen, belehren und befehlen können und allgemeine Regeln ersinnen, nach denen sie ihr Zusammenleben ordnen wollen. Die Sprache ist somit eine wesentliche Bedingung dafür, daß die Menschen »gesellig und in Verträgen geeint, sorglos, glücklich und behaglich leben – oder doch leben können –, wenn [sie] wollen«.[10] Andererseits erlaubt der Mißbrauch der Sprache dem Menschen, sich selbst und die anderen zu täuschen, nach falschen Regeln zu handeln und andere moralisch zu kritisieren. Vor allem die sprachlichen Ausdrücke der Leidenschaften sind für das friedliche Zusammenleben der Menschen gefährlich, denn ihre Benennungen sind in der Kommunikation immer von schwankender Bedeutung, weil jeder, den individuellen Besonderheiten seiner Leidenschaften entsprechend, sie mit schätzenswerten oder abfälligen Namen belegt. »So wird der Mensch durch die Sprache nicht besser, sondern nur mächtiger.«[11]

9 Hobbes, *Mensch*, a.a.O., S. 17.
10 Hobbes, *Mensch*, a.a.O., S. 17.
11 Hobbes, *Mensch*, a.a.O., S. 18.

Wie Sprache die Voraussetzung für das Verstehen von Befehlen und deshalb der Möglichkeit des Gehorsams ist, so liefert sie auch die Mittel, die Legitimität von Befehlen in Frage zu stellen. So waren »Erörterungen über die Rechte der Herrscher und den schuldigen Gehorsam der Bürger«[12] die Vorläufer des Bürgerkriegs. Ihnen will Hobbes durch den methodisch gesicherten Beweisgang seiner rein innerweltlich begründeten Souveränitätslehre endgültig den Boden entziehen. Die Lösung der Aufgabe erfordert eine Restriktion des legitimen Bereichs menschlicher Kommunikation. Denn die Ursache des Bürgerkriegs waren die sich zur absolut gewissen Urteilsinstanz über Gut und Böse aufschwingenden partikularen Gewissen der verschiedenen Sektenanhänger. Jede Sekte beanspruchte, die allein wahren Regeln menschlichen Zusammenlebens zu vertreten, und versuchte, ihnen gegen die Meinungen anderer allgemeinverbindliche Gültigkeit zu verschaffen. Nach Hobbes waren aber die Meinungen und moralischen Regeln aller Sekten nichts anderes als sprachliche Verkleidungen ihrer je besonderen Leidenschaften, in denen die Menschen notwendig divergieren. Zwar können die Mitglieder einer Sekte infolge ihrer ähnlichen und auf ein Ziel ausgerichteten Leidenschaften sich kommunikativ auf ein ihnen passendes System von Regeln und Vorschriften einigen; aber dies ist nie einer großen Anzahl von Menschen möglich. Um die politische Virulenz der sprachlich bedingten Fähigkeit zur Formulierung allgemeiner Regeln für das menschliche Verhalten im Gemeinwesen zu neutralisieren, reduziert Hobbes die auf politisches Handeln bezogenen Meinungen, denen ja als sprachliche Verkleidung der Leidenschaften kein genau kommunizierbarer und argumentativ zu rechtfertigender Inhalt zukommt, auf beliebige partikulare Gesinnungen der Bürgerkriegsparteien bzw. der Bürger.

Den in die Privatsphäre abgedrängten Meinungen über politisches und gesellschaftliches Zusammenleben entspricht die ausschließliche Legitimation des Souveräns, die Regeln des Zusammenlebens und damit auch die Kriterien moralischer Urteile zu bestimmen. Die Verbannung der in ihrem Allgemeinheitsanspruch als ideologisch dekouvrierten Meinungen

12 Hobbes, *Bürger*, a.a.O., S. 71.

über öffentliche Belange macht den gesellschaftlichen und politischen Bereich zu einem neutralen Feld, auf dem einerseits nur die auf ihre Natürlichkeit zurückgebrachten Leidenschaften der isolierten Einzelnen handlungsleitend sind, andererseits der Souverän allgemeine, quasi technische Verkehrsregeln für die Handlungen festlegt und ihre Einhaltung erzwingt.

Die in der Resolution des Gemeinwesens als friedensgefährdend entdeckte politische Dimension der menschlichen Sprache, die zwar zum Wesen des Menschen gehört, aber doch seine eigene Erfindung ist[13], muß in der Rekonstruktion des Kunstwerks Staat dem natürlichen Menschen genommen und allein dem Souverän zugestanden werden. Damit ist vorweg angezeigt, daß das Problem der Errichtung des Staates für Hobbes ein technisches Problem ist, nicht ein praktisches in der Weise, daß es den Menschen möglich wäre, in herrschaftsfreier Kommunikation die geeigneten Regeln ihres Zusammenlebens herauszufinden und durch Konsens in Gültigkeit zu setzen. Die – von Hobbes nicht gewollte – Pointe seiner Argumentation und der Entwicklung der politischen Theorie nach ihm besteht darin, daß herrschaftsfreie Kommunikation und ungezwungener Konsens erst unter der Voraussetzung einer Sicherheit garantierenden und das Zusammenleben befriedenden zentralen Herrschaftsmacht möglich werden. Allerdings ist zu fragen, ob der ein Minimum an Stabilität der Situation garantierende Vermittlungsmechanismus der isolierten, nur ihren eigenen disparaten Zielsetzungen folgenden Individuen eine allgemeine Restriktionen setzende Herrschaftsinstanz – wie Hobbes souveräner Staat – sein muß. Andererseits ist es Hobbes' Verdienst, in radikaler Version klargemacht zu haben, daß jedem zwischen den interesseorientiert handelnden Bürgern vermittelnden Mechanismus ein Moment der Herrschaft immanent ist. Gerade dieses Moment der Herrschaft in Vermittlungsmechanismen unterschlägt Smith in seiner Theorie des Marktmechanismus.

13 Hobbes, *Leviathan*, a.a.O., S. 24: »Aber die edelste und nützlichste aller Erfindungen war die der Sprache, die aus Namen oder Benennungen und ihrer Verknüpfung besteht.« Zwar war Gott der erste Schöpfer der Sprache, aber nach dem Turmbau zu Babel strafte Gott die Menschen mit dem Vergessen ihrer früheren Sprache.

2. Die menschliche Natur

Daß voneinander isolierte Individuen der Ausgangspunkt des Hobbesschen Deduktionsganges zur Begründung der absoluten Souveränität des Staates sind, ist nicht nur durch seine Methode bedingt, sondern gleicherweise durch seinen Nominalismus und Materialismus vorentschieden. Die ganze Welt besteht nur aus distinkten Einzelheiten: Dingen (zu denen auch die Worte gehören), Wahrnehmungsbildern, Empfindungen und Leidenschaften. Mechanisch-materialistisch reduziert Hobbes die nominalistisch zugelassenen Realitäten auf physische Körper bzw. Partikel und ihre Bewegungen. Alle physiologischen und psychologisch-geistigen Vorgänge im menschlichen Körper sind Bewegungen materieller Teilchen oder haben zumindest ihr Substrat in ihnen. So entspringt »im Herzen« die »vitale Bewegung«, deren Substrat im fortwährenden Kreislauf des Blutes besteht. Die »vitale Bewegung« steuert nicht nur alle unbewußt ablaufenden Lebensprozesse des Organismus, sondern sie ist auch entscheidend an der Entstehung der Sinnesempfindungen, der Lust/Unlust-Gefühle und der animalischen (motorischen) Bewegung beteiligt. Die äußeren Gegenstände erzeugen im Organismus Bewegungen, die, je nach ihrer die »vitale Bewegung« fördernden oder hemmenden Wirkung, in motorische Bewegungen auslösende Bewegungsimpulse umgesetzt werden. »Diese kleinen Anfänge der Bewegung, die sich im menschlichen Körper befinden, bevor sie als Gehen, Sprechen, Schlagen und andere sichtbare Handlungen in Erscheinung treten, werden gewöhnlich *Streben* genannt.«[14]

Hobbes denkt im Begriff des Strebens einen durch Umweltreize mechanisch verursachten minimalen physikalischen Bewegungsimpuls, dem zugleich die Qualität intentionaler Orientierung zukommt. Der Begriff des Strebens soll als intentionale physikalische Größe Descartes' Dualismus, res extensa und res cogitans vermittelnd, überwinden.[15] Obgleich ursprünglich ein äußerer Gegenstand das »Streben« verur-

14 Hobbes, *Leviathan*, a.a.O., S. 39.

15 Zum Begriff des Strebens (conatus/endeavour) und seiner Einheit stiftenden Vermittlungsfunktion bei Hobbes und Leibniz vgl. Watkins, *Hobbes' System*, a.a.O., p. 120 ff., und Watkins, *Philosophy*, a.a.O., p. 251 f.

sacht, ist durch die Steuerungsfunktion der »vitalen Bewegung« das intentionale Streben der eigentliche Grund für die Bestimmung dessen, was gut oder schlecht ist. Subjektive, nur auf das eigene Streben bezogene Situationsdefinition und mechanisch-physikalische Verursachung des Strebens schließen einander nicht aus, vielmehr wird durch die Steuerungsfunktion der »vitalen Bewegung« die selbstbezogene Situationsdefinition erzwungen.
Das Streben ist, entsprechend seiner Verursachung durch Förderung oder Hemmung der vitalen Bewegung, Begehren (Verlangen, auch Trieb) oder Verabscheuen des die besonderen inneren Bewegungsimpulse verursachenden Gegenstandes. Das Streben bzw. Begehren oder Verabscheuen als Ursache motorischer Bewegungen ist dasselbe, was gewöhnlich willentliche Bewegung genannt wird. Die Gegenwart eines Gegenstandes oder die im Gehirn reaktivierte Vorstellung von einem früher empfundenen Objekt kann, je nach den Hinsichten, in denen der Gegenstand betrachtet wird, abwechselnd Abneigung und Begehren hervorrufen, wodurch eine Vorstellungsreihe entsteht, die Überlegung genannt wird. Die letzte, Handeln oder Unterlassen auslösende Neigung oder Abneigung bei einer Überlegung heißt Wille – ein Terminus, der sinnvoll nur einen Akt, die letzte Neigung bezeichnen kann, nie aber so etwas wie die Fähigkeit des Wollens oder Nichtwollens. Die durch die letzte Neigung oder Abneigung ausgelöste Handlung oder Unterlassung ist definitionsgemäß immer eine willentliche Handlung.
Sprache und rationale Kalkulation, die die menschliche Art willkürlicher Handlungen charakterisiert, komplizieren zwar das ursprüngliche Konzept des »Strebens«, verändern aber nicht das Grundmuster, nach dem jedes Streben die Wirkung von wirkenden und nicht finalen Ursachen ist.
Nach den Zeitmodalitäten bezieht sich Begehren/Abneigung immer auf die Bewegung nach einem Zukünftigen, während Lust/Unlust immer in der von einem Gegenwärtigen (Gegenstand oder Vorstellung) verursachten Bewegung besteht. Begehren/Abneigung setzt voraus, daß schon empfunden wurde, ob der betreffende Gegenstand angenehm/unangenehm oder nützlich/schädlich ist. Mit der lebensgeschicht-

lichen Akkumulation der zu Erfahrungen verarbeiteten Empfindungen wächst die Zahl der Begehrungen/Abneigungen. Die Objekte des Begehrens werden ein Gut genannt, die des Verabscheuens ein Übel. Da nach Hobbes die Verfassung des menschlichen Körpers ständigen Veränderungen unterworfen ist, wechselt auch das Begehren/Verabscheuen seine Objekte. So sehr die Kriterien für gut und übel im Leben des Einzelnen wechseln, so wenig kann unter den Menschen jemals eine Einigkeit über ein Kriterium von Gut und Böse erzielt werden, denn was gut/böse ist, ist nicht aus den Objekten an sich abzuleiten, sondern bestimmt sich allein aus der Beziehung des Objekts zum Subjekt in einer gegebenen raum-zeitlichen Situation. »›Gut‹ also wird gesagt relativ zu Personen, Ort und Zeit. Diesem Menschen hier gefällt jetzt etwas; jenem dort, zu jener Zeit mißfällt es. Und ebenso kommen die übrigen Umstände in Betracht. Denn die Natur des Guten und Schlechten ist von den jeweilig zusammentreffenden Bedingungen abhängig.«[16] Die Relativität der Bestimmung dessen, was für den Einzelnen jeweils ein Gut ist, schneidet jedoch nicht die Möglichkeit ab, daß eine Konstellation von zusammentreffenden Bedingungen möglich ist, in der es für alle nur ein primär wichtiges Gut gibt, das für alle nur auf eine identische Weise zu erlangen ist.

Wenngleich wegen der subjektiven Vorlieben des Begehrens und Meidens keine allgemeinverbindliche Hierarchie der Güter konstruiert werden kann, so läßt sich doch eine für alle geltende positive und negative Vorzugsrichtung angeben, die die Bedingung der Möglichkeit des Begehrens ist. Es gibt ein erstes Gut: die Selbsterhaltung, und ein absolutes Übel: den Tod, weil er das Ende aller Bewegung bedeutet. Da Leben nach Hobbes ständige Bewegung ist, kann es kein höchstes Gut oder Glückseligkeit im traditionellen Sinne geben. »Denn es gibt kein finis ultimus, d. h. letztes Ziel, oder summum bonum, d. h. höchstes Gut, von welchem in den Schriften der alten Moralphilosophen die Rede ist. So kann ein Mensch, der keine Wünsche mehr hat, sowenig weiterleben wie einer, dessen Empfindungen und Vorstellungen zum Stillstand gekommen sind. Glückseligkeit ist ein ständiges

16 Hobbes, *Mensch*, a.a.O., S. 22.

Fortschreiten des Verlangens, von einem Gegenstand zu einem anderen, wobei jedoch das Erlangen des einen Gegenstandes nur der Weg ist, der zum nächsten Gegenstand führt. Der Grund hierfür liegt darin, daß es Gegenstand menschlichen Verlangens ist, nicht nur einmal und zu einem bestimmten Zeitpunkt zu genießen, sondern sicherzustellen, daß seinem künftigen Verlangen nichts im Wege steht. Und deshalb gehen die willentlichen Handlungen und Neigungen aller Menschen nicht nur darauf aus, sich ein zufriedenes Leben zu verschaffen, sondern auch darauf, es zu sichern.«[17]

Die Zukunftsorientierung menschlichen Strebens und der Erwerb von Gütern, die als Mittel Voraussetzung für weiteres erfolgreiches Streben sind, sind für Hobbes identisch. Sein Glückseligkeitsbegriff als ständig fortschreitendes Verlangen für ein Leben, das als kontinuierliche Bewegung definiert ist, verdankt seinen Inhalt mehr der objektiven Bewegung des kapitalistischen Akkumulationsprozesses als der philosophiegeschichtlichen Wiederbelebung des epikuräischen Eudämonismus.

Aus der Zukunftsorientierung des Strebens läßt sich die Logik eines genetischen Strukturmodells des Strebens entwickeln, dessen Resultat dem vom kapitalistischen Akkumulationsprozeß erforderten und zugleich bedingten interesseorientierten Verhalten des akkumulierenden Eigentümers entspricht.

1. Das Streben greift zunächst »nach jedem sich gerade darbietenden Gute«[18], um sich im Genuß zu erfüllen. Dieses in der Unmittelbarkeit befangene Streben ist von den zufälligen Gegebenheiten der objektiven Situation abhängig. Das Streben will aber die begehrten Gegenstände nach subjektivem Belieben verfügbar haben. Ungehindertes Streben als Lebensprinzip zwingt den Menschen, sich zukunftsorientiert zu verhalten.

2. Das Streben richtet sich auf Mittel, die Bedingung weiteren Strebens sind. Die im Hinblick auf die Gegenstände zukünftigen Strebens schon angeeigneten Mittel haben einen fixierten Verwendungszweck. So ist der Strebende zwar sub-

17 Hobbes, *Leviathan*, a.a.O., S. 75.

18 Hobbes, *Mensch*, a.a.O., S. 30.

jektiv auf die Zukunft vorbereitet, er bleibt aber weiterhin von den Zufällen der objektiv unbestimmten Zukunft abhängig.

3. Um ungehindertes Streben zu sichern, muß der Mensch »Mittel« erstreben, die die Bedingung der Möglichkeit weiteren Strebens sind. Der Strebende muß seine Handlungssituation insgesamt im Hinblick auf mögliche Zufälle der Zukunft absichern. Das setzt voraus, daß ein solches Handeln schon in der Gegenwart die objektive Situation der Zukunft beeinflussen kann. Dies ist möglich, indem das Streben sich auf generalisierte Mittel richtet, die geeignet sind, auch gegen die zufälligen Gegebenheiten der Zukunft die erstrebten Gegenstände erlangen zu können. Derart orientiertes Handeln macht seine subjektive Situationsdefinition insofern zur objektiven Realität, als es die Bedingungen seiner eigenen Zukunft schafft.

In dieser Struktur des Strebens ist ein wesentliches Moment interesseorientierten Handelns antizipiert. Streben ist nicht mehr als nur subjektiver Impuls zu denken, sondern kennzeichnet eine Struktur des Handelns, die schon in sich eine Subjekt-Objekt-Beziehung ist. Strebenorientiertes Handeln das die Bedingungen seines zukünftigen Handelns sichert, ermöglicht verlängerte Handlungsketten, deren einzelne Glieder Momente im Bedingungsgefüge ungehinderten Strebens sind.

Die zweite Stufe der Strebensstruktur dient Hobbes als Grundlage zur Uminterpretation der traditionellen Affektenlehre (1. Stufe) in seiner Leidenschaftstheorie. Seine Machtanalyse zeigt dann, daß Machtstreben ein »tödliches« Mittel (3. Stufe) ist, um ungehindertes Streben zu sichern.

Die Mannigfaltigkeit der menschlichen Leidenschaften ergibt sich aus den verschiedenen Arten des Begehrens oder Verabscheuens, die sich

1. nach den Verschiedenheiten der begehrten/verabscheuten Gegenstände,
2. nach der Wahrscheinlichkeit, das Begehrte/Verabscheute zu erlangen bzw. zu fliehen, und
3. nach der Vielfalt und der zeitlichen Aufeinanderfolge der Begehrungen/Abneigungen unterscheiden.

In der letzten Fassung seiner Anthropologie, im Buch *Vom*

Menschen, bestimmt Hobbes in traditioneller Weise die Leidenschaften oder Affekte als Störungen des Geistes, »weil sie zumeist die richtige Überlegung beeinträchtigen«. Nun ist aber Überlegung in allen Werken Hobbes' als die Aufeinanderfolge von Begehren und Abneigung bei Betrachtung eines oder mehrerer Gegenstände unter wechselnden Gesichtspunkten definiert.[19] Störungen im Fortgang der Überlegungen sind in der Weise denkbar, daß bei der Verrechnung der einzelnen Begehrungs-/Abneigungsimpulse die unter verschiedenen Aspekten unterschiedlich starken, teils negativen, teils positiven Impulsquanten nicht exakt auseinandergehalten werden. Beim Abschluß der Überlegungen wird dann ein Gut gewollt, »das sich in den meisten Fällen nach sorgfältiger Prüfung aller Begleitumstände als Übel erweist«.[20] Diese Wendung impliziert zunächst einen Widerspruch gegen die Definition des Guten, denn was gut ist, bestimmt sich durch den Akt des letzten Begehrens. Hobbes überbrückt den Widerspruch dadurch, daß er zwischen dem wahren Gut nach exakter Kalkulation und einem scheinbaren, sich unmittelbar aufdrängenden Gut unterscheidet. Eine objektiv gerechtfertigte Basis findet diese Unterscheidung in der Bestimmung des Guten als etwas Nützlichem. Denn die Eignung eines Gutes als Mittel ergibt sich aus sachlich vorgegebenen Verwendungszusammenhängen.
Der Anfang willentlicher Handlungen, der ursprüngliche Bewegungsimpuls, ist immer ein Begehren/Verabscheuen, das »nach jedem sich gerade darbietenden Gute«[21] greift. Die Bestimmung des wahren Gutes im Hinblick auf seine zweckrationale Wirkung erfordert aber »weitblickende Voraussicht« und ist »also Sache der Vernunft«.[22] Die Leitung und Kontrolle der Leidenschaften durch Vernunft ist ein altes Thema der Ethik seit der Antike. So sollte nach Aristoteles die Vernunft den Leidenschaften das Maß vorschreiben in der Weise, daß der mittlere, gemäßigte Weg zwischen den Extremen zwei entgegengesetzter Leidenschaften den Pfad der

19 Hobbes, *Leviathan,* a.a.O., S. 46, *Mensch,* a.a.O., S. 21, *Naturrecht,* a.a.O., S. 89.
20 Hobbes, *Mensch,* a.a.O., S. 29.
21 Hobbes, *Mensch,* a.a.O., S. 30.
22 Hobbes, *Mensch,* a.a.O., S. 30.

Tugend bezeichnet. Diese Vorstellung ist jedoch für Hobbes undenkbar, da solch ein mittlerer Weg nur in der Aufhebung entgegengesetzter Bewegungsimpulse bestehen und deshalb gar kein Handeln auslösen könnte. Die Vernunft als Diener der Leidenschaften hat nur die Aufgabe, aus den Worten, welche die begehrten/verabscheuten Gegenstände benennen und die durch die Gegenstände erregten Gedanken bezeichnen, alle Folgerungen und Zusammenhänge zu ermitteln, die für den Handlungskalkül von Bedeutung sind.

Vernunft mäßigt nicht die Leidenschaften in dem Sinne, daß sie deren Bewegungsimpulse verringert, sondern verhilft ihnen dazu, sicher zum Ziel zu gelangen. Im Grunde hat Hobbes die traditionelle Affektenlehre, obgleich er deren Terminologie und Klassifikationsprinzipien aus der Antike übernimmt[23], schon in eine Motivationslehre zweckrationaler Handlungen umgedeutet. Die Bewegungsimpulse müssen in ihrer Kraft erhalten bleiben und unter der kalkulierenden Leitung der Vernunft noch den dem erstrebten Ziel fernsten Mittelhandlungen Motivationskraft verleihen. Die Leidenschaften erhalten ihre maßvolle Ausdrucksform nicht durch partielle Unterdrückung oder Verdrängung, sondern sie ergibt sich aus der Verlaufsform der Handlungen in verlängerten Handlungsketten der Zweck-Mittel-Rationalität. Denn die in verlängerten Handlungsketten erforderliche »Langsicht« bewirkt die strenge Regelung und Rationalisierung triebhafter Augenblicksimpulse. Handlungen aus unmittelbaren Affektentladungen werden nicht – wie seit der Antike – von der Ethik als unschicklich oder gar lasterhaft verurteilt, sondern aufgrund der durch die veränderte gesellschaftliche Struktur (Rationalisierung der Staatsverwaltung, Entwicklung ökonomischer Fernbeziehungen aufgrund erweiterten Marktverkehrs) objektiv verlängerten Handlungsketten mit Mißerfolg »bestraft«. Diese Strafe als Scheitern an der Realität ist technisch-regulativ zu verstehen und nicht normativ-sanktionierend.[24]

23 Strauss, *Hobbes politische Wissenschaft,* a.a.O., S. 43 ff. Vergleich der Hobbesschen Definition der Leidenschaften mit denen in der Aristotelischen Rhetorik.

24 Elias, *Prozeß der Zivilisation,* a.a.O., Bd. II, S. 312-475: Über den Zusammenhang von Verlängerung der Handlungsketten, Langsicht und Selbstzwang.

Hobbes' Satz, daß »alle sogenannten Leidenschaften [...] aus Begehren und Abscheu«[25] bestehen, ist umkehrbar: wo immer ein Begehren/Abscheu vorliegt, handelt es sich um Leidenschaften. Da ohne Begehren/Abscheu als ursprünglichem Bewegungsimpuls keine Handlungen denkbar sind, fallen für Hobbes auch die traditionell als Tugenden bezeichneten Handlungsweisen unter die Leidenschaften; sie fallen aus der Mechanik seines Systems nicht heraus. Tendenziell könnte Hobbes aufgrund seiner Leidenschaftstheorie zwischen notwendiger und überflüssiger Repression unterscheiden. Da es ihm nicht um die moralische Wertung von menschlichen Handlungsweisen geht, sondern um die Analyse ihrer faktischen Verlaufsformen und um ihre Eignung zur Bewältigung verschiedener Situationen, kann er – die antiken Kardinaltugenden Tapferkeit und Klugheit auf ihre situationsgemäße Instrumentalität zurückführend – Gewalt und Betrug die beiden Kardinaltugenden im Kriegszustand nennen.[26]

Die Frage, ob es Tugenden gibt, worin sie bestehen und welche Handlungsdispositionen begründende Charaktereigenschaften Tugenden sind, ist für Hobbes' Analyse des natürlichen Menschen im vorstaatlichen Zustand irrelevant, ja geradezu sinnlos. Denn was der eine begehrt, das für ihn Gute, mag der andere verabscheuen, ist also ein Übel für ihn. Gut und Böse im moralischen Sinne kann es nicht geben, da es unmöglich ist, ein verbindliches Kriterium für moralische Urteile aufzustellen. Des einen Tugend gilt dem anderen als Laster. Deshalb ist es zweckmäßig, wegen der politischen Sprengkraft der sich notwendig absolut setzenden moralischen Urteile geradezu eine Voraussetzung des Friedens, alle

25 Hobbes, *Körper*, a.a.O., S. 151.

26 Hobbes, *Leviathan*, a.a.O., S. 98: »Gewalt und Betrug sind im Krieg die beiden Kardinaltugenden.« Die Subsumtion der Tugenden unter die Leidenschaften findet sich vor allem im *Leviathan*, Kap. VI. Im *Menschen* spricht Hobbes zwar von den traditionellen Tugenden als Tugenden des Menschen, legt jedoch kein Gewicht auf eine Unterscheidung dieser menschlichen (vorstaatlichen) Tugenden von den Leidenschaften, denn im vorstaatlichen Zustand ist das, was der eine Tugend nennt, für den anderen mit gleichem Recht ein Laster. »Daraus ergibt sich, daß für den Menschen an sich und gleichsam außerhalb der bürgerlichen Gesellschaft eine Moralwissenschaft nicht entwickelt werden kann, da es an einem sicheren Maßstab fehlt, nach dem Tugend und Laster zu messen und zu bestimmen wäre.« (S. 41)

menschlichen Handlungsweisen durch ihre Reduktion auf Leidenschaften politisch zu neutralisieren.

Alle Menschen sind insofern gleich, als sie bei gleichen Anlässen ähnliche Leidenschaften haben, nur in den Objekten ihrer Leidenschaften unterscheiden sich die Menschen. Von Tugenden des natürlichen Menschen – im Unterschied zum Untertan – spricht Hobbes nur bei der Behandlung der Verstandesunterschiede. Denn nur die Verstandesfähigkeiten der Menschen bilden einen Gegenstandsbereich, über dessen Eigenschaften sinnvoll vergleichende Urteile gefällt werden können. »Tugend ist allgemein bei allen Gegenständen etwas, das wegen seiner hervorragenden Beschaffenheit geschätzt wird und besteht in einem Vergleich. Denn wenn alles in allen Menschen gleich wäre, so würde nichts gelobt werden. Und unter Verstandestugenden versteht man immer solche geistigen Fähigkeiten, die die Menschen loben, schätzen und selbst besitzen möchten.«[27]

Die Verstandestugenden bestehen in der Schnelligkeit der Vorstellungskraft und der Sicherheit der Urteilskraft. Ihr Resultat ist erfahrungsgesättigte Klugheit in den Angelegenheiten alltäglicher Handlungszusammenhänge. Ebenso wie hinsichtlich ihrer Leidenschaften unterscheiden sich die Menschen hinsichtlich ihrer Klugheit nur in den Inhalten, nicht nach Graden. »Eine Familie oder ein Königreich gut regieren, heißt nicht verschiedene Grade von Klugheit besitzen, sondern verschiedene Geschäfte ausüben. – Ein einfacher Bauer ist in seinen häuslichen Angelegenheiten klüger als ein Geheimrat in den Angelegenheiten eines anderen.«[28]

Aus der Behauptung, daß alle Menschen einen ähnlichen

27 Hobbes, *Leviathan,* a.a.O., S. 52. In der Ausgabe von Mayer-Tasch (rowohlts klassiker) wird ›virtue‹ in diesem Zusammenhang mit ›Vorzug‹ übersetzt. Sachlich entspricht das dem Sinn der Argumentation, unterschlagen wird dadurch aber die hier implizit von Hobbes vorgenommene Umdeutung des traditionellen Tugendbegriffs. Wenn Hobbes im ›Vorzug‹ nur den neutralen Tatbestand des im Vergleich Größer-, Mehr-, Überlegen-Seins hätte ausdrükken wollen, hätte er wahrscheinlich ein anderes Wort gewählt. Hobbes, der gerne mit etymologischen Ableitungen und Doppelbedeutungen arbeitet (auch wenn sie falsch sind; z. B. Überlegung, aus deliberatio = Freiheit beenden; vgl. *Lev.* S. 42, Anm. 7), scheint mir mit ›virtue‹ genau die beiden Bedeutungen von Vorzug und Tugend im Auge gehabt zu haben, um den traditionellen moralischen Tugendbegriff auf seine neutrale Grundbedeutung zu reduzieren.

28 Hobbes, *Leviathan,* a.a.O., S. 55.

Grad an Klugheit besitzen, folgt, daß jeder Mensch in seinen Angelegenheiten am besten entscheiden kann, was für ihn gut und nützlich ist. Die je sachbezogene Klugheit, deren Wesen eigene Erfahrungen sind, verfügt immer nur über situationsgebundene Handlungsmaximen und nicht über generell verbindliche Regeln wie die Weisheit, deren Organ die Vernunft und deren Tätigkeitsfeld die Wissenschaft ist. Später wird dieser Sachverhalt in der knappen Aussage zusammengezogen, daß jeder Mensch am besten seine Interessen kennt und fördern kann.

Weit davon entfernt, Widersacher vernünftiger Tätigkeiten zu sein, sind die Leidenschaften geradezu die Ursache der Entwicklung der Verstandesfähigkeiten. In diesen Fähigkeiten schaffen sie sich Mittel zur sicheren Realisierung des Erstrebten. »Denn die Gedanken sind gleichsam die Kundschafter und Spione der Wünsche, die das Gelände erkunden und den Weg zu den gewünschten Dingen finden sollen – alle Beständigkeit und Schnelligkeit der Bewegung des Geistes rühren daher.«[29] Die zielgerichteten Leidenschaften, die mit den Unterschieden der Ziele die Verstandesunterschiede bewirken, konvergieren in dem »Verlangen nach Macht, Reichtum, Wissen und Ehre«.[30] Sie alle können auf das eine zentrale Verlangen, das nach Macht, zurückgeführt werden.

Hobbes' Theorie der menschlichen Natur, insbesondere das Konzept der Leidenschaften und Strebungen, enthält schon einige Elemente des späteren Interessebegriffs. Indirekt bestätigt das Helvetius mit dem häufigen Verweis auf Hobbes' »Anthropologie« als Beleg für seine Theorie des Interesses. Alle menschlichen Körper haben eine gleiche Grundstruktur, durch die die Art ihrer Handlungsweisen festgelegt ist. Alles, was ein Mensch begehrt oder verabscheut und dementsprechend ein Gut oder Übel nennt, ist durch Förderung oder Hemmung seiner »vitalen Bewegung« determiniert. Deshalb sind alle Leidenschaften und die von Hobbes unter die Leidenschaften subsumierten Tugenden – die selbstlos erscheinenden eingeschlossen – nach den Gegenständen unterschiedene Variationen des Selbstbezuges. Die durch

29 Hobbes, *Leviathan*, a.a.O., S. 56.
30 Hobbes, *Leviathan*, a.a.O., S. 56.

äußere Gegenstände und akkumulierte Erfahrung determinierten Handlungen der Menschen sind durch die Steuerungsfunktion der »vitalen Bewegung« zugleich immer Handlungsweisen der Selbsterhaltung. Die äußere und innere Determination aller leidenschaftlichen Handlungen ist vom Standpunkt der Handelnden aus ein teleologisches Streben, dessen Ursprung und Zweck das Selbst ist. Daß die determinierten Handlungen zugleich willentliche Akte des Handelnden sind, bietet jedoch keinen Rechtsgrund, über die Legitimität oder Illegitimität der Handlungen des natürlichen Menschen außerhalb des Staates moralische Urteile zu fällen. Impliziert ist nur, daß jeder seine Handlungen als seine eigenen, von ihm gewollten, anerkennen muß. Sowenig ihn andere wegen seiner Handlungen zur Rechenschaft ziehen dürfen, so wenig kann er andere für das verantwortlich machen, was aus seinen eigenen Handlungen resultiert.

In der Reduktion aller Handlungen auf Weisen eigenverantwortlichen Selbstbezugs formuliert Hobbes den Subjektpol des Interessebegriffs. Jedes Individuum definiert für sich seine ihm eigene Handlungssituation, indem es alles auf sein Selbst hin kommensurabel macht. Das impliziert eine Vielzahl verschiedener selbstbezogener Handlungsdefinitionen, die in ihrer einzelnen Besonderheit prinzipiell nicht durch die isolierten Einzelnen in eine verbindliche, für alle gemeinsame objektive Definition der Situation übersetzt werden können.[31] Die Leidenschaftsbündel der vielen Einzelnen stiften zwar keine kommensurablen Relationsfelder zwischen den erstrebten Gegenständen der »undefinierten« Situation und den begehrenden Einzelnen, aber alle Einzelnen realisieren das für alle gemeinsame Prinzip der subjektiven, nur selbstbezogenen Definition der Situation. Die Objektseite der Leidenschaften (gleichsam den Objektpol des Interessebegriffs) reduziert Hobbes ebenfalls auf ein einheitliches Prinzip: das Verlangen nach Macht. Dieses Prinzip unterscheidet sich hinsichtlich der atomistischen Realisierung bei den vielen Einzelnen zunächst nicht von dem Prinzip der bloß subjektbezogenen Definition der Situation. Aufgrund der Besonderheit des

31 Die subjektiven Situationsdefinitionen der isolierten einzelnen stellen gleichsam Leibnizens Monadenwelt dar, jedoch nicht als Harmonie, sondern als Zwietracht und inkommensurable Verschiedenheit.

Machtverlangens und seiner Konsequenzen kommt es jedoch dahin, daß die subjektiv und partikular definierten Situationen jedes Einzelnen in eine objektive, für alle gemeinsame Definition der Gesamtsituation umschlagen. Der Atomismus der unmittelbaren Leidenschaften und Strebungen der isolierten Individuen führt in seiner eigenen Konsequenz durch den Krieg aller gegen alle zum Staat, dem das Monopol der Macht zukommt, ein Minimum an notwendiger Gemeinsamkeit in den subjektiven Situationsdefinitionen vorweg festzulegen und permanent zu erzwingen.

3. Hobbes' Analyse der Macht

Von den selbstbezogenen Einzelnen her gesehen, besteht die Macht eines Menschen »in seinen gegenwärtigen Mitteln zur Erlangung eines künftigen anscheinenden Gutes«.[32] Die derart neutral definierte Macht scheint sich in der Mobilisierung sachlicher Mittel und persönlicher Fähigkeiten (Körperkraft, Verstand) zur Aneignung eines Gutes zu erschöpfen. Sie verwandelt sich jedoch bei ihrer analytischen Aufspaltung in natürliche und zweckdienliche Macht – eine Trennung, die auf den ersten Blick der zwischen natürlichen Fähigkeiten und sachlichen Mitteln entspricht – aus einer einfachen Person-Sache-Beziehung in eine mehrschichtige Relation zwischen Menschen, Mitteln und Zwecken. »Natürliche Macht ist das Herausragen körperlicher oder geistiger Fähigkeiten, wie außerordentliche Stärke, Schönheit, Klugheit, Geschicklichkeit, Beredsamkeit, Freigiebigkeit und Vornehmheit. Zweckdienlich ist die Macht, die durch natürliche Macht oder durch Zufall erlangt wird und als Mittel oder Instrument zum Erwerb von mehr Macht dient, wie Reichtum, Ansehen, Freunde und das verborgene Wirken Gottes, das man gewöhnlich Glück nennt.«[33]

Die Unterscheidung zwischen natürlicher und zweckdienlicher Macht dient nicht dazu, zwei verschiedene Arten von Macht zu bezeichnen, sondern zwei wichtige Momente des dynamisch begriffenen Phänomens Macht festzuhalten. Auch

32 Hobbes, *Leviathan*, a.a.O., S. 66.
33 Hobbes, *Leviathan*, a.a.O., S. 66.

ist der implizit genetische Aspekt der Macht, daß z. B. natürliche Macht die Voraussetzung für das Erlangen zweckdienlicher Macht ist, nicht der hier primär wichtige Gesichtspunkt. Gleichgültig, ob es sich um natürliche oder zweckdienliche Macht in sachlicher Hinsicht (Eigenschaften der Person/ihr zur Verfügung stehende Mittel) handelt – wichtig ist vor allem, daß jemand in irgendeiner Hinsicht über Vorzüge vor anderen verfügt, die ihn instand setzen, andere zu dominieren. Dieser ursprüngliche Vorzug bedeutet eine Überlegenheit, die in ihrer zweckdienlichen Anwendung (= natürliche Macht) zweckdienliche Macht zu erringen erlaubt. Zweckdienliche Macht bezeichnet das Moment an natürlicher Macht als ursprünglicher Überlegenheit, durch das ihre Anwendung in Vermehrung des ursprünglichen Machtpotentials umschlägt.

Macht besitzt zwar immer einen substantiellen Kern (mobilisierbare Fähigkeiten und sachliche Mittel), doch in einer bestimmten Situation ist die wirkliche Macht des Menschen nur die positive Resultante entgegengesetzter Machtvektoren. Erst im Kampf und Wettstreit zeigt sich das wirkliche Machtpotential der substantiellen Machtmittel. Wirkliche Macht hat einen gesellschaftlichen Kern, denn die Macht eines Menschen vergrößert sich in dem Maße, in dem andere – gleichgültig, aus welchen Gründen – davon absehen, der wirklichen oder vermeintlichen Macht eines anderen ihre Macht entgegenzusetzen. »And because the power of one man resisteth and hindereth the effects of the power of another: power simply is no more, but the excess of the power of one above that of another. For equal powers opposed, destroy one another; and such their opposition is called contention.«[34]

Hobbes' ursprüngliche Definition der Macht als quasi technisch zu verstehendes Mittel zur Erlangung begehrter Güter war plausibel, solange nur der selbstbezogene Einzelne mit seinen verschiedenen Leidenschaften analysiert wurde. Die Definition der Macht als Überlegenheitsresultante aus der Machtopposition mehrerer Einzelner impliziert ein Modell sozialer Beziehungen, das durch eine Struktur gegeneinander agierender Einzelner charakterisiert ist, deren Handlungsverläufe sich gegenseitig durchkreuzen, stören und blockieren.

34 Hobbes, *Elements*, a.a.O., I, 8, 4, p. 34.

Macpherson hat nachgewiesen[35], daß Hobbes' Machtanalyse das Modell eines Machtmarktes unterstellt, dessen Annahmen er nur aus der Eigentumsmarktgesellschaft seiner Zeit abstrahiert haben kann. Mit der These, daß Hobbes implizit – aber deutlich aus Textstellen belegbar – in den Deduktionsgang von seiner Theorie der menschlichen Leidenschaften zum absolut souveränen Staat soziale Prämissen aus der Gesellschaft seiner Zeit einführt, will Macpherson die beiden extremen, einander ausschließenden Positionen der Hobbesinterpretation widerlegen und gerade dadurch die Einheit und logische Stringenz seines Systems wahren. Den Hobbisten beweist er, »daß der Schluß von der physiologischen Natur des Menschen auf ihr notwendiges Verhalten zueinander, aus welchem Verhalten das Bedürfnis nach einem Souverän folgt, keine einfache Ableitung aus physiologischen Postulaten ist, wie so oft behauptet wird, vielmehr mit einem bestimmten Modell der Gesellschaft Hand in Hand geht«.[36] Den Traditionalisten, vor allem Taylor und Warrender gegenüber, die mit der Behauptung logischer Unvereinbarkeit strikt zwischen Hobbes' psychologischen Prinzipien und seiner Theorie politischer (= moralischer) Pflichten trennen, verficht er die jetzt kritisch abgesicherte »hobbistische« These der Einheit des Systems und der logischen Stringenz der Deduktion. Die Theorie der menschlichen Natur behält also ihren zentralen Ort im deduktiven Beweisgang, ohne sie in der Radikalität ihrer Aussagen beschneiden zu müssen. Um seine Gegner zu widerlegen, konzentriert Macpherson seine Analyse auf den Nachweis, an welcher Stelle Hobbes in seiner Deduktion die notwendigen sozialen Prämissen[37] einführt und in welcher Art von Gesellschaftsmodell sie konstitutiv enthalten sind. So wird Hobbes' Machtanalyse[38] Angelpunkt der Macphersonschen Argumentation.

Die Einzelargumente zur Rekonstruktion des Hobbesschen Deduktionsganges lauten:

1. Hobbes' psychologisch-physiologische Aussagen über das menschliche Wesen als ein System sich selbst antreibender,

35 Macpherson, *Besitzindividualismus,* a.a.O., S. 28 ff., 61 ff.
36 Macpherson, *Besitzindividualismus,* a.a.O., S. 28.
37 Macpherson, *Besitzindividualismus,* a.a.O., S. 29.
38 Hobbes, *Leviathan,* a.a.O., Kap. X und XI.

sich selbst lenkender bewegter Materie begründet nicht die für den Deduktionsgang notwendige Kampfbereitschaft aller gegen alle.[39]

2. In der auf die Leidenschaftstheorie folgenden Machtanalyse (im Aufbau des *Leviathan*) behauptet Hobbes, daß die Macht eines jeden mit der Macht jedes anderen im Widerstreit stehe, was offenbar ein soziales und kein physiologisches Postulat ist.[40] »Diese These zusammen mit der physiologischen, daß jeder Mensch seine Bewegung beizubehalten sucht, reicht aus, den Drang jedes Menschen nach Macht über andere zu begründen.«[41]

3. Hobbes leitet die Machtopposition nicht aus einem »angeborenen Streben aller Menschen nach unbegrenzter Macht«[42] ab, was zwar als physiologisches Postulat behauptet werden könnte, jedoch dann eine wesenhaft soziale Annahme einschließen würde. Nur einige Menschen streben nach immer mehr Macht; das zwingt aber auch alle anderen, die mit ihrem Zustand zufrieden sind, sich am Streben um mehr Macht zu beteiligen, um sich gegen fremde Übergriffe zu sichern. Das unterstellt allerdings eine Gesellschaft, in der es zumindest bestimmte Schutzgarantien der individuellen Sphäre gegen Übergriffe Machtgieriger nicht gibt.[43] Eine Gesellschaftsordnung, »die friedliche, nicht gewalttätige Wege kennt, auf denen ein jeder ständig nach Macht über andere streben kann, ohne die Gesellschaft zu zerstören«[44], ist die Eigentumsmarktgesellschaft.

4. Der nach der Machtanalyse eingeführte hypothetische Naturzustand unterstellt die Menschen mit ihren gesellschaftlich erworbenen Verhaltensweisen und Begierden (Machtstreben und zivilisatorisch bedingte Bedürfnisse), abstrahiert aber von allen institutionellen Ordnungen der Gegenwartsgesellschaft (Staat, Gesetz, Eigentum). Das Verhalten der Menschen führt so notwendig zum Krieg aller gegen alle. Dieser elende Zustand ist nur durch die vertragliche Konstitution

39 Macpherson, *Besitzindividualismus*, a.a.O., S. 47.
40 Macpherson, *Besitzindividualismus*, a.a.O., S. 54.
41 Macpherson, *Besitzindividualismus*, a.a.O., S. 54.
42 Macpherson, *Besitzindividualismus*, a.a.O., S. 60.
43 Macpherson, *Besitzindividualismus*, a.a.O., S. 56.
44 Macpherson, *Besitzindividualismus*, a.a.O., S. 61.

eines absoluten Staates aufzuheben. Aufgabe des Staates ist die Sicherung der notwendigen Institutionen einer bürgerlichen Gesellschaft. Soweit Macpherson.

Nicht im Widerspruch zu Macphersons Rekonstruktion des Hobbesschen Deduktionsganges, doch in stärkerer Akzentuierung der Leidenschaftstheorie soll hier die These vertreten werden, daß die Machtopposition und das allgemeine Machtstreben – das zum Kriegszustand führt – aus Hobbes' psychologisch-physiologischer Theorie der Leidenschaften folgt. Diese enthält nämlich schon die entscheidenden sozialen Annahmen.

Hobbes gewann seine Theorie des menschlichen Verhaltens am Modell des akkumulierenden Eigentümers. Er abstrahierte bei der Isolation der Verhaltensdispositionen des Eigentümers von den verhaltensbestimmenden sachlichen Situationszusammenhängen und unterstellte das gesellschaftlich produzierte, am Eigentümer als eigenes Streben erscheinende Verhalten als das allen Menschen originär gegebene. Die Konstanz menschlichen Strebens konnte nach dieser isolierenden Abstraktion objektivistisch nur noch aus einer mechanistischen Physiologie des menschlichen Organismus erklärt werden.

Dieser Weg war durch die Methode der Resolution und Komposition vorgeschrieben. Mit ihrer Übernahme aus der Physik wurden die im Gegenstand liegenden Voraussetzungen ihrer Anwendung auf die Welt der Menschen übertragen: die »Reduktion des Naturprozesses auf die homogene Diffusion der Elemente«[45], wobei jedes Element seine gleichförmige Bewegungsrichtung beibehält, wenn es nicht durch andere Elemente behindert oder abgelenkt wird.

Ordnungsschwund als Charakteristikum der zu analysierenden gesellschaftlichen Wirklichkeit dürfte jedoch weniger eine in der Methode implizierte Forderung ihrer Anwendung auf die Gesellschaft gewesen sein als vielmehr die historische Erfahrung Hobbes', die von der Sache her die Anwendung dieser Methode gebot. Die englische Gesellschaft war zu seiner Zeit sowohl ökonomisch durch den Prozeß der ursprünglichen Akkumulation als auch politisch durch den

45 Blumenberg, *Legitimität*, a.a.O., S. 189.

Bürgerkrieg gleichsam aus ihren alten Fugen geraten. Der historisch erfahrene Ordnungsschwund reflektiert sich in Hobbes' Konzeption des Strebens und der Leidenschaften. In ihr formuliert er das nur selbstbezogene Handeln isolierter Individuen als das neue konstitutive Prinzip der bürgerlichen Gesellschaft, die zugleich Ursache und Wirkung des Ordnungsschwundes der traditionalen Gesellschaft war.
Aufgrund der radikal veränderten gesellschaftlichen Verhältnisse verkehrt sich Hobbes' Übernahme des antiken Hedonismus und der stoischen Naturrechtsaxiome in das Gegenteil ihrer ursprünglichen Bedeutung. Das erste Gut allen Strebens ist nicht mehr das dieses Streben beruhigende Glück, sondern die Selbsterhaltung, die gerade dadurch zustandezubringen ist, daß dies Streben als Streben aufrechterhalten wird. Das Streben in seinem ungehinderten Fortschritt ist die neue Glückseligkeit. Der Begriff des Strebens mag eine einfache Übernahme aus der Galileischen Theorie der Bewegung darstellen, die aus ihm abgeleitete Leidenschaftstheorie mit ihrer Neubestimmung der Glückseligkeit hingegen scheint vom »Streben« des akkumulierenden Eigentümers abgezogen zu sein. Eine ebenso radikale Umdeutung erfährt Hobbes' Übernahme des stoischen Naturrechtsaxioms: »Natura dedit omnia omnibus«[46]; in der Stoa war es Grundlage der Kritik des Privateigentums. Da die Natur genügend Güter zur Befriedigung aller Bedürfnisse enthalte, komme im Privateigentum menschliches Mißtrauen gegenüber der großzügigen Vorsorge der Natur zum Ausdruck. Implizit bezweifle der Privateigentümer die teleologische Zuordnung der Natur auf die Bedürfnisse der Menschen. Da es aber unter den Voraussetzungen der Neuzeit weder eine Naturteleologie gibt, in der der Mensch mit seinen Bedürfnissen und Begierden sinnvoll eingebettet ist, noch eine Gesellschaftsordnung, die jedem das Seine zukommen läßt, kann für Hobbes das alte Axiom, daß die Natur alle Dinge allen Menschen gegeben hat, nur noch bedeuten, daß jeder – denn »alle« ist die Summe aller Einzelnen – ein Recht auf alles hat. »Die Natur hat jedem ein Recht auf alles gegeben, d. h. in dem reinen Naturzustand oder ehe noch die Menschen durch irgendwelche Verträge sich

46 Hobbes, *Naturrecht*, a.a.O., I, 14, 10, S. 98.

gegenseitig gebunden hatten, war es jedem erlaubt zu tun, was er wollte und gegen wen er es wollte, und alles in Besitz zu nehmen, zu gebrauchen und zu genießen, was er wollte und konnte.«[47]

Die antike Naturteleologie mit ihrem Vorsorgeschutz für jedermann kann nunmehr nur noch als Teleologie der Selbsterhaltung, deren Prinzip das ungehinderte Streben (= Selbstteleologie des Strebens) ist, begriffen werden. Das Telos des alten Naturrechts verkehrt sich in das Chaos des absoluten Rechts eines jeden auf alles und stellt sich als faktische Rechtlosigkeit aller heraus. »Aber dies Recht aller Menschen auf alles ist in der Wirkung nicht mehr wert, als wenn ein Mensch ein Recht auf nichts hätte. Denn ein Mensch kann wenig Gebrauch von seinem Recht machen und Nutzen davon haben, wenn ein anderer, der ebenso stark oder stärker als er selbst ist, ein Recht auf dasselbe hat.«[48]

Da keine objektiv vorgegebene noch subjektiv vereinbarte Regelung der Bewegungsrichtungen der individuellen Strebungen besteht, ist potentiell jedes Streben den unberechenbaren Interventionen und Hindernissen ausgesetzt, die die Strebungen aller anderen für es bedeuten. Die Möglichkeit der Verwirklichung eigenen Strebens hängt in einer infolge dauernder Interventionsgefahr anderer objektiv instabilen Situation davon ab, ob es dem Einzelnen gelingt, für sich eine partielle Stabilisierung herbeizuführen. Das einzig wirksame Mittel, um fremde, das eigene Streben bedrohende Handlungen anderer abzuwehren, ist Macht. Hobbes' neutrale Definition der Macht »als gegenwärtige Mittel zur Erlangung eines zukünftigen anscheinenden Gutes«[49] impliziert die Folgedefinition der Macht als Überlegenheit über andere, um sie zu beherrschen. Denn Beherrschung anderer ist das einzige Mittel, um eine durch die unberechenbaren Handlungen anderer instabil gemachte Situation für sich selbst zu stabilisieren. Die Blockierung fremden Strebens ist Voraussetzung der Aufrechterhaltung eigenen Strebens. Da dies aber für jeden Einzelnen gilt, führt Macht als Stabilisierungsmittel zur allgemeinen Machtopposition. Da Hobbes voraussetzt, daß alle

47 Hobbes, *Bürger*, a.a.O., S. 82 f.
48 Hobbes, *Naturrecht*, a.a.O., S. 98 f.
49 Hobbes, *Leviathan*, a.a.O., S. 66.

Menschen von Natur aus an Körperkräften und Geisteskräften insofern gleich sind, als jeder die berechtigte Hoffnung hegen kann, die Ziele seines Strebens zu erreichen, wird jeder mögliche Interventionsgefahren durch den Versuch der Beherrschung des anderen abwehren. Die gegenseitigen Dominationsversuche führen notwendigerweise zum Krieg aller gegen alle. »Aus dieser Gleichheit der Fähigkeiten entsteht eine Gleichheit der Hoffnung, unsere Absichten erreichen zu können. Und wenn daher zwei Menschen nach demselben Gegenstand streben, den sie jedoch nicht zusammen genießen können, so werden sie Feinde und sind in der Verfolgung ihrer Absicht, die grundsätzlich Selbsterhaltung und bisweilen nur Genuß ist, bestrebt, sich gegenseitig zu vernichten oder zu unterwerfen.«[50]

Die Entwicklung von der Selbst-Teleologie des Strebens, deren Ausgangspunkt der unmittelbare Zugriff auf erstrebte Güter ist, zum Krieg aller gegen alle, läßt sich als die objektive Situationslogik interpretieren, die sich aus den individuellen Handlungen aufgrund subjektiver isolierter Definitionen der Situation ergibt. Diese Logik gründet auf der einzigen Voraussetzung, daß die individuellen Handlungen den Zweck ihres Strebens: Selbsterhaltung, beibehalten.

Im Gang der Hobbesschen Entwicklung wird das spezifische Interesse der Menschen, ihr Begehren nach einem besonderen Gegenstand, durch die Struktur ihres interesseorientierten Handelns, ihr Verlangen nach Macht, ausgelöscht und verdorben: Die Ausgangssituation ist objektiv dadurch bestimmt, daß die isolierten Einzelnen – jeder für sich – entsprechend ihrem Streben die Relation zwischen dem Selbst und den begehrten Gegenständen der Situation definieren. Überschneiden sich nun die subjektiven Situationsdefinitionen in Elementen, die Gegenstände der objektiven Realität repräsentieren, so entsteht Streit zwischen den Einzelnen, da ihre Handlungen sich wechselseitig an der Verwirklichung hindern. Da die Elemente in einer subjektiven Situationsdefinition in unbekannt vielen anderen subjektiven Situationsdefinitionen enthalten sein können, impliziert die Subjektivität aller Situationsdefinitionen Instabilität der objektiven Situa-

50 Hobbes, *Leviathan*, S. 94 f.

tion in bezug auf die Wahrscheinlichkeit, das Begehrte zu erlangen. Jeder muß versuchen, die anderen durch Beherrschung zu kontrollieren, um seine eigene subjektive Situationsdefinition gegen die Zufälle fremder Intervention abzuschirmen. Das Streben nach Macht wird so Bedingung der Möglichkeit, die durch die Zufälligkeit subjektiver Situationsdefinition bedingte objektive Instabilität der Situation zumindest partikular für die Verwirklichung eigenen Strebens aufzuheben. Das Machtstreben jedes Einzelnen impliziert den Anspruch, daß jeder seine eigene subjektive Situationsdefinition zur objektiv gültigen Realität machen will. Die aus dem Machtstreben aller Einzelnen folgende Machtopposition schafft insofern für alle eine subjektiv gleichartig definierte, objektiv für alle gleiche Situation, als die Elemente der objektiven Situation (die Zielpunkte des Strebens) nur noch die gegenseitig sich bedrohenden Individuen sind. Sie sind die einzigen klar bestimmten ›Gegenstände‹ des abwehrenden Strebens eines jeden, während alle objektiven Gegenstände von unbestimmt vielen Subjekten potentiell zu Elementen ihrer aneignenden Subjektivität gemacht worden sind. Das ursprüngliche Streben eines jeden zieht sich so im Mißtrauen eines jeden gegen jeden zusammen. Denn einerseits muß jeder versuchen, weiteren Machterwerb des anderen zu verhindern, um seine Macht zu erhalten, andererseits ist er gezwungen, zur Erhaltung seiner Macht, die jederzeit von allen bedroht ist, weitere Macht zu erwerben. »Und wegen dieses gegenseitigen Mißtrauens gibt es für niemand einen anderen Weg, sich selbst zu sichern, der so vernünftig wäre wie Vorbeugung, das heißt mit Gewalt oder mit List nach Kräften jedermann zu unterwerfen, und zwar so lange, bis er keine andere Macht mehr sieht, die groß genug wäre, ihn zu unterwerfen. Und dies ist nicht mehr als seine Selbsterhaltung erfordert und ist allgemein erlaubt. Auch weil es einige gibt, denen es Vergnügen bereitet, sich an ihrer Macht zu weiden, indem sie auf Eroberungen ausgehen, die sie über das zu ihrer Sicherheit erforderliche Maß hinaustreiben, könnten andere, die an sich gerne innerhalb bescheidener Grenzen ein behagliches Leben führen würden, sich durch bloße Verteidigung unmöglich lange halten, wenn sie nicht durch Angriff ihre Macht vermehrten. Und da folglich eine solche Vermehrung der

Herrschaft über Menschen zur Selbsterhaltung eines Menschen notwendig ist, muß sie ihm erlaubt werden.«[51] Das bedeutet freilich, wie Adorno es formulierte, Selbsterhaltung ohne die Erhaltung eines Selbst; dies ist einerseits Konsequenz der Hobbesschen Konstruktion und andererseits, trotz der realen Emanzipation des Individuums durch die bürgerliche Gesellschaft, eine deutliche und reale Drohung ihrer historischen Entwicklung.

Da das Streben atomistisch dissoziierter Menschen aufgrund ihrer isolierten subjektiven Situationsdefinition sich nicht gegenständlich in der Aneignung der begehrten Güter ungehindert realisieren kann, wird es durch die Logik der Situation auf Streben nach Macht und Erwerb von immer mehr Macht verkürzt. Die Macht hat zwar einen substantiellen Kern (Reichtum, Ansehen, Ehre), aber ihre Funktion für das Streben ist nicht die Aneignung der Gegenstandswelt (Natur), sondern die unmittelbare Unterdrückung anderer Menschen zum Zweck eigener Selbstbehauptung. Es ist für die Entwicklung der Logik der Situation vom ursprünglichen gegenstandsbezogenen Streben (Begierde) zum Krieg aller gegen alle gleichgültig, ob einige aus reinem Vergnügen an der Macht nach mehr Macht streben. Hobbes verwendet dies Argument keineswegs aus gegenaufklärerischen Gründen. Er will seinen Lesern die Illusion nehmen, daß Selbstbescheidung und Zufriedenheit mit dem Erreichten als Zeichen friedlicher Gesinnung in einer Gesellschaft je subjektiver Situationsdefinition aufgrund eigenen Strebens irgendwelchen Schutz biete. Arbeit als friedliche Weise der Realisierung eigener Subjektivität, an der Hobbes immerhin festhält, kann es nur innerhalb der durch künstliche Institutionen garantierten Schutzräume für die Individuen geben.[52] Wo solche Institutionen fehlen,

51 Hobbes, *Leviathan*, a.a.O., S. 95.

52 Die gegenständliche Realisierung des Strebens durch Arbeit als Prinzip der Verwirklichung der eigenen Subjektivität wird von Locke zum Angelpunkt seiner Staats- und Gesellschaftstheorie gemacht. Das Eigentum der Person an ihren eigenen Fähigkeiten ist der Grund des Eigentums an den Arbeitsprodukten. Dieses Naturrecht des Eigentums ist die materielle Basis der vertraglichen Staatsgründung, deren Zweck die Sicherung des Eigentums ist. Die Staatsgründung wurde notwendig, weil mit der durch die Einführung des Geldes erleichterten Eigentumsvermehrung Rechtsstreitigkeiten entstanden. Hobbes läßt es hingegen offen, ob die Arbeit aus sich Institutionen hervorbringen kann, die die

gibt es nur den politischen Weg der Verwirklichung eigener Subjektivität durch Machterwerb und Kampf.
Hobbes' oft zitierte und häufig biologisch-anthropologisch mißdeutete Behauptung, daß das »rastlose Verlangen nach immer neuer Macht« ein »allgemeiner Trieb der gesamten Menschheit sei«[53], erklärt sich aus der Funktion der Macht in einer bestimmten Logik der Situation, (im Naturzustand) das einzig taugliche Mittel der Selbstbehauptung zu sein. »So halte ich an erster Stelle ein fortwährendes rastloses Verlangen nach immer neuer Macht für einen allgemeinen Trieb der gesamten Menschheit, der nur mit dem Tode endet. Und der Grund hierfür liegt nicht immer darin, daß sich ein Mensch einen größeren Genuß erhofft als den bereits erlangten, oder daß er mit einer bescheidenen Macht nicht zufrieden sein kann, sondern darin, daß er die gegenwärtige Macht und die Mittel zu einem angenehmen Leben ohne den Erwerb von zusätzlicher Macht nicht sicherstellen kann.«[54]
Auch dort, wo Hobbes verschiedene Konflikte unterscheidet, verfallen sie der Reduktion. Die durch die Logik der Situation erzwungene Machtopposition erzeugt drei hauptsächliche Konfliktursachen: »Erstens Konkurrenz, zweitens Mißtrauen, drittens Ruhmsucht. Die erste führt zu Übergriffen der Menschen des Gewinns, die zweite der Sicherheit und die dritte des Ansehens wegen.«[55] Die erste und die dritte Konfliktursache folgen aus Strategien der Machterweiterung, die zweite wurzelt in der Verteidigung der erworbenen Machtmittel und

individuellen Strebungen vermitteln. Sein theoretisch fingierter Naturzustand unterstellt zwar das Vorhandensein von Arbeitsprodukten und Besitz, abstrahiert aber gerade von der Institution des Eigentums. Sie wird erst mit dem Staatsgründungsvertrag geschaffen. »Der alleinige Weg [...] daß sie sich durch eigenen Fleiß und von den Früchten der Erde ernähren und zufrieden leben können, liegt in der Übertragung ihrer ganzen Macht und Stärke auf einen Menschen oder eine Versammlung von Menschen ...« (*Lev.* S. 134). – Der neuzeitliche Begriff der Selbsterhaltung wird von vornherein schon als Selbstbehauptung gedacht. Siehe Blumenberg, *Legitimität,* S. 193: »Das im Inbegriff der Selbstbehauptung erfaßte neuzeitliche Weltverhältnis expliziert sich pragmatisch als Konstruktion und als Prävention. Exakte Vorausbestimmung realer Situationen ermöglicht, der Fatalität der Bedingungen zuvorzukommen und sie zu verändern.«

53 Hobbes, *Leviathan,* a.a.O., S. 75.
54 Hobbes, *Leviathan,* a.a.O., S. 75.
55 Hobbes, *Leviathan,* a.a.O., S. 95.

der physischen Existenz. Das permanente Streben nach Machterweiterung, gleichgültig, ob zum Zweck reiner Verteidigung oder von Präventivangriffen, läßt alle Sicherheiten, Annehmlichkeiten, ja selbst die Möglichkeit rein physischer Bedürfnisbefriedigung in relativ stabilen Situationen im Chaos absoluter Instabilität untergehen. Die Logik der Situation erzeugt nur noch das radikal jede noch so eingeschränkte Selbstbehauptung Bedrohende: »beständige Furcht und Gefahr eines gewaltsamen Todes.«[56] Die Furcht vor gewaltsamem Tode – das Ende aller Bewegung – flieht der Mensch als das »größte der natürlichen Übel [...], und zwar infolge einer natürlichen Notwendigkeit, nicht geringer als die, durch welche ein Stein zur Erde fällt.«[57] Die permanente Todesdrohung, zugleich das Chaos der Instabilität, ist der Ursprung einer auf Dauer gestellten Stabilisierung der Situation durch die vertragliche Gründung des souveränen Staates. Die Bedrohlichkeit absoluter Instabilität läßt die Todesfurcht als stärkste Leidenschaft zum Ursprung vernünftiger Selbstbehauptung werden, analog der Hegelschen Genese des anerkennenden Selbstbewußtseins aus dem Kampf auf Leben und Tod.[58] Gerade weil für Hobbes die Vernunft ohnmächtig ist, dem Streben keine Ziele weist, sondern nur in seinem Dienst den Weg zur Verwirklichung der Leidenschaften auskundschaftet, kann allein die stärkste Leidenschaft, die nur negativ bestimmte Flucht vor dem Tode, der Vernunft absolute Macht verleihen.[59] Sie konstituiert den »sterblichen Gott«, die »große Maschine« – Symbole menschlicher Schöpfungsmacht und -ohnmacht. Die Kraft dieser Symbole, ihr Anspielungsreichtum, ist Ausdruck davon, daß Hobbes' konstruktiv-axiomatisches Denken der Gefahr idealistischer Ontologisierung oder Anthropologisierung im Ernst nicht erliegt.

56 Hobbes, *Leviathan*, a.a.O., S. 96.
57 Hobbes, *Bürger*, a.a.O., S. 97.
58 Hegel, *Phänomenologie des Geistes*, a.a.O., S. 141 ff. Nach Hegel wird die Arbeit des Knechtes erst nach der Anerkennung der Herrschaft des Herrn als Resultat des Kampfes auf Leben und Tod die mächtigste Weise der Realisierung des unselbständigen Selbstbewußtseins, das letztlich auch seine Unselbständigkeit abarbeitet und die dem Genuß ergebene Herrschaft unterminiert. Das gleiche widerfuhr dem Hobbesschen Souverän endgültig in der bürgerlichen Revolution.
59 Vgl. Strauss, *Naturrecht*, a.a.O., S. 187.

Der Tod als negatives »telos« ist Ursprung der Vernunft, die allein in einer absolut chaotischen Situation die Bedingung der Möglichkeit der Selbstbehauptung angeben kann. So idealistisch dieser Vernunftbegriff (und die Bestimmung ihrer Aufgabe) klingen mag, sie ist die je einzelne Vernunft der isolierten, jedoch real vorgestellten Individuen – nicht ein sich selbst begründendes Organ, das transzendental die Einzelnen als allgemeine bestimmt und damit die Möglichkeit schafft, daß die empirisch Einzelnen als Mitglieder einer intelligiblen Welt permanent in allgemeinen Regeln ihrer Praxis frei übereinstimmen können. Hobbes' je einzelne Vernunft aller Einzelnen, die nichts Allgemeines zwischen den Menschen konstituiert, ist nur als vermittelte, und zwar als eine durch die für alle Einzelnen gleiche Situation vermittelte, in der Lage, den Staatsgründungsvertrag zu ermöglichen. Weil jeder durch jeden absolut in seiner Selbstbehauptung bedroht ist, kann jeder mit jedem den Staatsgründungsvertrag schließen, der für jeden den größten Vorteil bringt: die Bannung der Todesdrohung als Bedingung der Möglichkeit effektiver individueller Selbsterhaltung, die ein Mindestmaß an Stabilität der Situation voraussetzt. Aber nur das theoretisch fingierte[60] Chaos absoluter Instabilität schuf die Möglichkeit, daß alle Einzelnen sich in einer identischen Situation befanden, die Voraussetzung eines Konsens unter isolierten Einzelnen ist. Die Einmaligkeit der Identität der Situation für alle Einzel-

60 Das theoretisch fingierte soziale Chaos dient zur Ableitung von Folgerungen, die in ihrer Wirkung höchst real sein sollen. Hobbes hat zur Frage, ob das soziale Chaos theoretisch fingiert oder höchst real sei, denen, die an seiner Realität zweifeln, geantwortet: »Manchem, der sich die Dinge nicht gründlich überlegt hat, mag es seltsam vorkommen, daß die Natur die Menschen so sehr entzweien und zu gegenseitigem Angriff und gegenseitiger Vernichtung treiben sollte, und vielleicht wünscht er deshalb, da er dieser Schlußfolgerung aus den Leidenschaften nicht traut, dies durch die Erfahrung bestätigt zu haben. Er möge deshalb bedenken, daß er sich bei Antritt einer Reise bewaffnet und darauf bedacht ist, in guter Begleitung zu reisen, daß er beim Schlafengehen seine Türen und in seinem Haus seine Kästen verschließt – und dies in Kenntnis dessen, daß es Gesetze und bewaffnete Beamte gibt, um alles Unrecht zu verfolgen, das ihm angetan wird. Welche Meinung hat er also von seinen Mit-Untertanen, wenn er bewaffnet reist, welche von seinen Mitbürgern, wenn er seine Türen verschließt, und welche von seinen Kindern und Bediensteten, wenn er seine Kästen verschließt? Klagt er da die Menschen durch seine Handlungen nicht ebenso sehr an wie ich durch meine Worte?« (*Lev.*, S. 96 f.)

nen als Grund des Staatsgründungsvertrages wird auf Dauer gestellt in dem einen realen Willen des Souveräns, dessen Vernunft die Regeln des Zusammenlebens in der Zukunft bestimmt.

4. Das Vertragsmodell der Staatsgründung

Die Todesfurcht führt zur Einsicht in den Grund der Gefährdung: das Recht eines jeden auf alles. Deshalb verzichtet jeder im Vertrag, der den souveränen Staat konstituiert, auf sein Recht auf alles, unter der Bedingung, daß auch jeder andere verzichtet zugunsten der einen souveränen Person, die alle natürlichen Rechte behält.

In diesem Vertrag verpflichtet sich der Untertan, der souveränen Person in der Ausübung ihrer Rechte keinerlei Widerstand zu leisten, mit Ausnahme des unaufgebbaren Rechts, daß er jeder Bedrohung seines Lebens durch den Souverän Widerstand leisten darf. Kennzeichnenderweise legitimiert dieses nur individuelle Selbstverteidigungsrecht nicht Hilfeleistungen für andere vom Tode bedrohte Untertanen, denn der Staat kann nach Hobbes seine Funktion nur erfüllen unter der Voraussetzung, daß die Untertanen isolierte Einzelne sind und bleiben. Der in der Rechtsübertragung implizierte Verzicht auf Widerstand schließt die Verpflichtung zum Gehorsam gegenüber den souveränen Befehlen (= Gesetzen) ein. Denn das Herrschaftsrecht ist ohne den Gehorsam der Untertanen nutzlos.

Kann der Staat nicht mehr ausreichenden Schutz gewähren, so fällt mit dem Zweck des Gehorsams auch die Verpflichtung zum Gehorsam. Denn ohne hinlängliches Motiv kann man zu nichts verpflichtet werden, und das Motiv zum Rechtsverzicht, aus dem sich die Verpflichtung zur Einhaltung des Staatsgründungsvertrages ableitet, war der in dieser Situation größte Vorteil für jeden: die Bannung der Todesdrohung als Bedingung der Möglichkeit gesicherter Selbsterhaltung.

Die Genese von Verpflichtungen zwischen isolierten, selbstbezogenen Individuen ist für Hobbes (wie für die ganze liberale Naturrechtslehre) nur als vertragliche Vereinbarung denkbar. Jeder Vertrag entspringt aus einer willentlichen Handlung, die definitionsgemäß immer nur ein Gut für den Handelnden intendieren kann. Verträge werden geschlossen, weil man ein Gut erlangen möchte, das sich im Besitz eines anderen befindet. Um diesen zur willentlichen Übergabe zu veranlassen, muß man sich selbst zur Hingabe des vom anderen Gewünschten verpflichten. Die Verpflichtung dem anderen gegenüber gründet letztlich im Willen und eigenen Handeln des Verpflichteten.

Dieses Modell des Vertrages aus dem Privatverkehr der Bürger untereinander wendet Hobbes – das ist das Entscheidende und das Problematische – auch auf den Staatsgründungsvertrag an. Das Vertragsmodell ist entscheidend, weil durch es der Verpflichtungscharakter dieses Vertrages begründet werden soll. Das Problematische liegt darin, daß dieser Vertrag gleichzeitig ein Begünstigungsvertrag sein muß, weil der Souverän selbst nicht verpflichteter »Partner« des Vertrages sein soll. Die Notwendigkeit dieser Konstruktion ergibt sich als Folgerung aus dem Verzicht der Bürger auf ihr absolutes Recht.

Das Recht eines jeden auf alles hat zwei wichtige komplementäre Bedeutungen; einerseits kann niemand verpflichtet werden, auf die Verwirklichung seiner Strebungen zu verzichten, andererseits darf jeder allen Handlungen anderer seinen Widerstand entgegensetzen.[61] Indem die Bürger sich wechselseitig in einem Vertrag nach dem Tauschmodell zum Verzicht auf ihr Recht auf alles verpflichten, gibt jeder sein Wider-

61 Die Bestimmung des Rechts auf alles als Recht zum Widerstand gegen die Handlungen anderer ist deshalb so wichtig, weil darin das Moment am kapitalistischen Marktverkehr hervorgehoben wird, das auch im befriedeten Zustand der bürgerlichen Gesellschaft eine legitime, ja sogar konstitutive Handlungsweise kennzeichnet. Keiner darf mehr die Privatrechte der anderen antasten, aber jeder darf durch seine Handlungen auf dem Markt den Handlungen aller anderen Widerstand leisten. Darin gründet das Phänomen der Konkurrenz: Kostensenkung, Preissenkung, Qualitätsverbesserungen etc. sind Handlungen, die den Handlungen anderer Widerstand leisten, indem sie die erwarteten Handlungsresultate im Endeffekt zunichte machen können. Von daher erklärt sich auch, daß schon von Anfang an Wege gesucht wurden, der gepriesenen und segensreichen Konkurrenz ihre »mörderischen« Implikationen zu nehmen. Hobbes entfaltete in seinem Naturzustand die abstrakte Logik des interesseorientierten Handelns von Marktteilnehmern in seiner rohen Unmittelbarkeit als Verhalten zwischen Individuen unter Abstraktion von dessen Vermitteltheit durch die Sachzusammenhänge des Marktes.

standsrecht gegen die Handlungen aller anderen auf. Das führt in der Konsequenz aber dazu, daß sich die faktischen Handlungsverläufe wechselseitig blockieren. Jeder hat sich indes verpflichtet, den andern nicht mehr zu hindern. Der Widerstandsverzicht ermöglicht Handeln somit nur unter der Bedingung, daß eine Instanz geschaffen wird, die durch allgemeine Gesetze für alle den Bereich legitimer Verwirklichung ungehinderten Strebens festlegt. Deshalb muß der nach dem Tauschmodell konzipierte Vertrag wechselseitigen Rechtsverzichts zugleich ein den Souverän erzeugender Begünstigungsvertrag sein.

Der doppelten Verpflichtung des Bürgers entspricht ein doppeltes Nichtverpflichtetsein des Souveräns, seinen eigenen Gesetzen und dem Bürger gegenüber.[62] Jede Verpflichtung des Souveräns wäre eine Einschränkung der Souveränität, die unter Hobbes' Voraussetzungen ohne ihre Absolutheit ihre Schutzfunktion nicht erfüllen kann. Daß der Staat niemandem verpflichtet ist, leitet sich aus dem Staatsgründungsvertrag her. In ihm hat der Bürger durch einen Rechtsverzicht vorgängig alle Handlungen des Souveräns als seine eigenen Handlungen autorisiert. Eine Verpflichtung des Souveräns gegenüber dem Bürger wäre demnach schlicht ein Widerspruch. Die Identität zwischen souveräner Handlung und Willen des Bürgers kann nur einen Ursprung haben: den einmaligen und generell gültigen Autorisierungspakt aller Bürger. Die situationsbezogene Explikation des einheitlichen Ursprungswillens aller Bürger kann nur durch einen einzigen realen Willen in der Folgezeit geleistet werden, denn in der durch staatlichen Schutz stabilisierten Situation bürgerlichen Handelns gibt es nie mehr die Identität aller einzelnen Willen der Bürger. Sie ist fortan aufgehoben in dem einen souveränen Willen, der als ein realer Wille zugleich nur das künstliche Produkt der einmaligen Übereinstimmung aller Bürger ist.

Den im Staatsgründungsvertrag sich gegenseitig verpflichtenden Bürgern geht es nur um die Herstellung der Bedingungen, die ihnen ein gefahrloses und gesichertes Leben, bestimmt durch ihre jeweilige Beliebigkeit, garantieren. Die egoistischen Individuen erzeugen, ihrem eigenen Prinzip folgend,

62 Hobbes, *Bürger*, a.a.O., S. 141.

den künstlichen Staat, um ihr Prinzip zu retten. Die äußere Regelung ihrer Willkür, die ja in ihrer Zufälligkeit bewahrt werden soll, kann nur durch ein Gesetz geschehen, das selbst formal Willkür ist. Die Willkür des Souveräns ist das mit der größtmöglichen irdischen Macht ausgestattete Prinzip der Untertanen selbst. Die äußere Zwangsgewalt tritt ihnen zwar als ein äußerliches, nämlich als das sie zur Selbsteinschränkung zwingende Gesetz entgegen; gleichwohl erkennen sie in ihr das Prinzip ihres eigenen Tuns. Die Übereinstimmung zwischen dem willkürlichen Handeln jedes Untertans und der Willkür des souveränen Willens in der Ursprungssituation der Staatsgründung stellt sich nach Hobbes gerade dadurch in der Zukunft immer wieder her, daß jeder, die Untertanen wie der Souverän, nur zweckrationalen Nutzenkalkülen folgen. Der Souverän könnte rechtlich alle Bürger berauben, aber welchen Nutzen sollte er davon haben?[63] Die Macht des Souveräns, seine Truppenstärke und der Nutzen aus seiner unbeschränkten Steuerhoheit, hat den Wohlstand der Untertanen zur Voraussetzung. »Denn Gesetze, die nur autorisierte Regeln sind, werden nicht dazu verwendet, um das Volk von allen willentlichen Handlungen fernzuhalten, sondern um es zu lenken und so in Bewegung zu halten, daß sie sich durch ihre heftigen Begierden, Voreiligkeiten und Unbesonnenheiten nicht selbst verletzen, so, wie Hecken nicht gepflanzt werden, um die Reisenden anzuhalten, sondern um sie auf dem Weg zu halten. Und deshalb ist ein Gesetz, das nicht nötig ist, nicht gut, da es nicht den wahren Zweck eines Gesetzes erfüllt. Man kann ein Gesetz für gut halten, wenn es dem Souverän nützt, wenngleich es für das Volk nicht notwendig ist. Dies ist aber nicht richtig. Denn das Wohl des Souveräns und des Volkes können nicht voneinander getrennt werden. Ein Souverän, der schwache Untertanen hat, ist schwach, ebenfalls ein Volk, das einen Souverän besitzt, dem die Macht fehlt, es nach

63 Vgl. Hobbes, *Bürger*, a.a.O., S. 138 Anm. Zur Begründung, daß der Souverän keinen Nutzen davon hat, die Bürger durch Steuern zu berauben, kann Hobbes aber keine systematischen Argumente vorbringen. Gemessen an axiomatischer Deduktion sind es nur ad-hoc-Argumente. Ableiten ließen sie sich nur aus einem historischen Funktionalismus, der aber nie axiomatisch deduktiv sein kann. Demgegenüber ist es aber kein Argument gegen die Stringenz der Hobbesschen Deduktion, wenn nachgewiesen wird, daß seine Prämissen implizit soziale Annahmen enthalten.

seinem Willen zu regieren. Unnötige Gesetze sind keine guten Gesetze, sondern nur Geldfallen, die dort, wo das Recht der souveränen Gewalt anerkannt ist, überflüssig sind, und wo es nicht anerkannt ist, zur Verteidigung des Volkes nicht genügen.«[64]

Mit der Gründung des Staates entsteht logisch für Hobbes zugleich die bürgerliche Gesellschaft, deren Bedürfnisse inhaltlich Gesetzgebung und Handlungsweise des absoluten Souveräns bestimmen. Hobbes' Vergleich der Gesetze mit Hecken, die die Verkehrswege markieren und absichern, macht deutlich, daß es ihre Funktion ist, die beliebigen Handlungen der Bürger zu lenken, nicht zu beseitigen. Historisch heißt das: die Aufgabe des souveränen Staates liegt in bezug auf die Gesellschaft in der Beseitigung der feudalen Relikte, die die selbständige Entwicklung des sich entfaltenden kapitalistischen Akkumulationsprozesses hindern, und in der Sicherung formaler Rechtsgleichheit aller Untertanen.

Daß »die Raison des von Hobbes naturrechtlich konstruierten absolutistischen Staates [...] liberal [ist]«[65], zeigt sich deutlich in der Bestimmung der Freiheiten des Untertans, die negativ vom Staat her als das definiert werden, was der Souverän gesetzlich nicht vorgeschrieben hat. In der Regelung ihrer gesetzlich freigestellten Handlungen verfahren die Bürger (wie im Naturzustand) nach Klugheitsmaximen, entsprechend dem, was jeder aufgrund seiner eigenen Vernunft als die für ihn vorteilhafteste Handlungsweise erachtet. Beispiele solcher der Beliebigkeit bürgerlichen Privatverkehrs überlassenen Handlungen sind: »die Freiheit des Kaufs und Verkaufs oder anderer gegenseitiger Verträge, die Wahl der eigenen Wohnung, der eigenen Ernährung, des eigenen Berufs, der Kindererziehung, die sie für geeignet halten, und desgleichen mehr.«[66]

Selbst die Gesetze des Souveräns – die zum Nutzen des Souveräns, zur Aufrechterhaltung seiner Macht erlassen werden – haben in ihren konkreten Bestimmungen einen liberalen kapitalistischen Sinn; die dem Volk auferlegten Steuern sind der Preis für ihre Sicherheit. Da Arme und Reiche glei-

64 Hobbes, *Leviathan*, a.a.O., S. 264 f., vgl. Bürger, a.a.O., S. 214 f.
65 Habermas, *Die klassische Lehre von der Politik*, a.a.O., S. 37.
66 Hobbes, *Leviathan*, a.a.O., S. 165.

chermaßen die Sicherheit ihres Lebens genießen[67], erfordert Steuergerechtigkeit die gleichmäßige Besteuerung jedes Einzelnen. Unter dem Gesichtspunkt der Steuergleichheit unterscheidet Hobbes aber nur zwischen Verbrauchs- und Vermögenssteuern, die Möglichkeit einer Kopfsteuer zieht er nicht in Betracht. Den Akkumulationsinteressen des Bürgertums entsprechend ist nur die Verbrauchssteuer gerecht und für alle gleich, denn dieser Steuermodus macht gleichsam jeden zu seinem eigenen Gesetzgeber. »Denn welcher Grund könnte dafür sprechen, daß einer, der viel arbeitet und wenig verbraucht, da er die Früchte seiner Arbeit spart, mehr belastet werden sollte als einer, der wegen seines müßigen Lebenswandels wenig verdient und seine ganzen Einnahmen ausgibt? Schließlich wird der eine vom Staat nicht mehr geschützt als der andere. Werden aber die Steuern auf die Güter des menschlichen Verbrauchs gelegt, so bezahlt jedermann gleichermaßen für das, was er verzehrt, und der Staat wird auch nicht durch den verschwenderischen Luxus von Privatleuten betrogen.«[68]
Die in den Naturgesetzen enthaltenen traditionellen moralischen Pflichten werden nach dem Tauschprinzip uminterpretiert. So kann Hobbes die Summe der Naturgesetze in der »auch dem bescheidensten Verstande leicht einsehbaren Maxime« zusammenfassen: »Füge einem anderen nicht zu, was Du nicht willst, daß man Dir zufüge.«[69] Gerechtigkeit reduziert sich auf das Einhalten von Verträgen bzw. als Folgerung aus dem Staatsgründungsvertrag auf Gehorsam gegenüber den Gesetzen.

5. Individualistische Handlungsorientierung und der Systemcharakter des Staates

Hobbes ist der erste bürgerliche Sozialphilosoph, der unter dem Zwang logischer Deduktion die Einheit des »sozialen«

67 Vgl. Hobbes, *Leviathan*, a.a.O., S. 263; dergleichen Formulierungen dürften sich vorzüglich als Unternehmerideologie eignen; sie gehen letztlich zurück auf die unhistorische Annahme der individuellen Gleichheit aller Einzelnen. Deshalb eignet sich Hobbes auch als Ahnherr für gesellschaftsblinde Liberale wie Autoritäre.
68 Hobbes, *Leviathan*, a.a.O., S. 263.
69 Hobbes, *Leviathan*, a.a.O., S. 120 f.

Systems aus den nur selbstbezogenen Handlungsorientierungen isolierter Individuen herleitet. Historisch, durch den Entwicklungsstand der sich erst entfaltenden bürgerlichen Gesellschaft bedingt, konnte er den allgemeinen Vermittlungsmechanismus im bürgerlichen Prinzip der Handlungsorientierung nur im Staat als dem Einheit stiftenden System sehen. Darin spiegelt sich zugleich die eminente Bedeutung des absolutistischen Staates als alles Gesellschaftliche vereinheitlichender Zentralinstanz für die Entfaltung der bürgerlichen Gesellschaft.

Indem Hobbes die souveräne Gewalt aus dem atomistischen Handeln der Einzelnen hervorgehen läßt, formuliert er das abstrakte, die bürgerliche Gesellschaft charakterisierende Prinzip des Übergangs aus der Unmittelbarkeit der Handlungen isolierter Einzelner in die sich entfremdende Vermitteltheit eines Systemzusammenhanges als Bedingung der Möglichkeit des Atomismus der Unmittelbarkeit. Das Paradoxe und zugleich logisch Stringente in Hobbes' Deduktionsgang besteht darin, daß er einerseits die reine Logik des abstrakten interesseorientierten Handelns in seiner rohen Unmittelbarkeit als direkten Zugriff des Begehrenden nach dem begehrten Objekt mit all ihren Folgen im Naturzustand entwickelt und aus diesem Chaos der Willkür den souveränen Staat als notwendige Einheit der willkürlichen Besonderheiten hervorgehen läßt, andererseits aber den genuinen Ort konkreten interesseorientierten Handelns immer nur negativ als Gefährdung der Systemeinheit Staat thematisiert. Die Übereinstimmung zwischen abstrakter Individualität und der einen souveränen Zwangsgewalt erscheint ihm permanent bedroht durch die konkreten gesellschaftlichen Bestimmungen, die die Individualität durch den bürgerlichen Privatverkehr erhält. Der unter staatlicher Schutzgarantie befriedete Privatverkehr läßt die Individuen die Fürchterlichkeit der im Prinzip ihres Handelns liegenden Kriegsgefahr und Todesdrohung vergessen, so daß der Einzelne, von seinen Privatangelegenheiten absorbiert, dazu neigt, auch gegenüber dem Staat sein Verhalten am individuellen Nutzen und Vorteil zu orientieren.
Gegenüber der aus der Unmittelbarkeit des individuellen Handelns hervorgegangenen allgemeinen Instanz der Ver-

mittlung der unmittelbaren Besonderheiten dürfen sich die in ihrer Unmittelbarkeit befangenen Individuen aber nicht wiederum unmittelbar verhalten. Deshalb betont Hobbes, daß die absoluten Rechte der Souveränität weder durch Gesetze, die ausdrücklich den Widerstand der Untertanen verbieten, noch durch die Furcht vor Bestrafung aufrechterhalten werden können, sondern allein durch das Eingedenken der im Ursprungsvertrag übernommenen Gehorsamsverpflichtung.[70] Und doch weiß Hobbes, daß die Furcht vor Strafe die einzige Kraft ist, die die Menschen zur Gesetzeseinhaltung motiviert, »wenn ein Vorteil oder Vergnügen durch Gesetzesübertretung in Aussicht steht«.[71] Er bringt die innere Gefährdung seines absoluten Staates, der der von den Individuen errichtete künstliche Mechanismus zur Ermöglichung unbedrohter Interessenverfolgung ist, in dem Bild des Staates als »sterblichem Gott«[72] zum Ausdruck; es ist der Gott, den die Menschen selbst errichten, um in Frieden ihren Begierden und Leidenschaften nachgehen zu können. Sie sind mit ihm in Übereinstimmung, denn er hat seinen Ursprung in ihnen, und deshalb sind seine Befehle ihr Wille. Aber als die unmittelbar existierende Gestalt der reinen Vermittlungsinstanz individueller Unmittelbarkeit ist er der Gefahr ausgesetzt, von der sie hervorbringenden Unmittelbarkeit wieder zersetzt und aufgesogen zu werden. Der Gott ist sterblich: »Denn obwohl die Souveränität nach der Absicht ihrer Schöpfer unsterblich sein soll, so ist sie doch ihrer eigenen Natur nach nicht nur einem gewaltsamen Tod durch einen auswärtigen Krieg ausgesetzt, sondern trägt auch wegen der Unwissenheit und der Leidenschaften der Menschen von ihrer Errichtung an viele Keime einer natürlichen Sterblichkeit in sich und zwar durch innere Zwietracht.«[73] Innere Zwietracht droht immer dann zu entstehen, wenn die Absolutheit der souveränen Körperschaft in Frage gestellt ist. Deshalb steht dem Souverän das Recht zu, jede seiner Ansicht nach die Souveränität gefährdende Vereinigung der Untertanen zu verbieten. Denn solche Vereinigun-

70 Vgl. Hobbes, *Leviathan*, a.a.O., S. 256.
71 Hobbes, *Leviathan*, a.a.O., S. 228.
72 Hobbes, *Leviathan*, a.a.O., S. 134.
73 Hobbes, *Leviathan*, a.a.O., S. 171.

gen – »systems of interest«[74] – drohen als partikulare Allgemeinheiten die ursprüngliche Identität zwischen dem Staat als allgemeiner Vermittlungsinstanz und den isolierten Individuen zu sprengen.
Hobbes bevorzugt die Monarchie als Staatsform gegenüber der parlamentarischen Demokratie, weil in einer souveränen Versammlung die Gefahr der Fraktionsbildung besteht. Zwar dürfen partikulare Interessen versuchen, sich von außen durch Einflußnahme auf die souveräne Versammlung zum allgemeinen Gesetz zu machen, aber innerhalb der souveränen Versammlung dürfen keine konkurrierenden partikularen Allgemeinheiten in Form von Fraktionen entstehen, weil dann die wahre Allgemeinheit der souveränen Versammlung zerbrechen würde. »Liegt die souveräne Gewalt bei einer großen Versammlung und versucht eine Anzahl von Versammlungsmitgliedern, ohne dazu ermächtigt zu sein, sich gesondert abzusprechen, wie man die übrigen Mitglieder in die Hand bekommen könne, so ist dies eine ungesetzliche Parteibildung oder Verschwörung, da es sich um ein betrügerisches Ausnutzen der Versammlung zugunsten eines Sonderinteresses handelt. Verschafft sich aber jemand, dessen Privatinteresse in der Versammlung besprochen und beurteilt werden soll, soviel Freunde wie möglich, so liegt darin keine Ungerechtigkeit, denn er ist ja nicht Mitglied der Versammlung.«[75] Hobbes verwendet den Terminus »Interesse« vornehmlich zur Bezeichnung von Handlungsorientierungen, die unmittelbar den Allgemeinheitscharakter der souveränen Vermittlungsinstanz bedrohen. Er charakterisiert insofern etwas Negatives. Der Staat ist ein künstlicher Mechanismus. Seine Funktionen werden aber von natürlichen Personen ausgeübt, die dazu neigen, ihre divergierenden privaten Interessen dem öffentlichen Interesse in Form der reinen allgemeinen Vermittlungsinstanz vorzuziehen.[76] Die Allgemeinheit der Vermittlungsinstanz

74 Hobbes, *Leviathan* (engl.), a.a.O., p. 146; »By systems, I understand any numbers of men joined in one interest, or one business«.

75 Hobbes, *Leviathan,* a.a.O., S. 182.

76 Die negative Bewertung der privaten oder besonderen Interessen findet sich besonders in Hobbes' Erörterungen über ›souveräne Versammlungen‹ und über die Funktionen des Ratgebers. Vgl. Hobbes, *Leviathan,* a.a.O., S. 182, 198, 199, 201, 202. Zugleich sind dies die wichtigsten Stellen im *Leviathan,* wo Hobbes überhaupt den Terminus Interesse verwendet.

kann empirisch nur als ein realer Wille existieren. Deshalb ist die beste Staatsform die Monarchie, in der eine natürliche Person die künstliche Allgemeinheit als einzelne Existenz verkörpert.

Daß Hobbes' Theorie des absolut souveränen Staates gerade auch von den sich emanzipierenden Bürgern abgelehnt wurde, dürfte zwei Gründe haben.

1. Das allgemeine Moment in den divergierenden besonderen Interessen der Eigentümer – das sie verbindende allgemeine Interesse an der wechselseitigen Anerkennung als Eigentümer – konstituierte eine Klassensolidarität der Bürger. Ihr Klasseninteresse verlangte zwar eine starke souveräne Gewalt als Vehikel ihres eigenen Emanzipationsprozesses; aber diese Gewalt sollte als allgemeine permanent von den Bürgern kontrolliert und beauftragt werden. Die dem bürgerlichen Klasseninteresse entsprechende politische Theorie lieferte Locke.[77]

2. Die Hobbessche Deduktion des Staates aus radikal individualistischen Handlungen formuliert zwar das Prinzip bürgerlicher Staats- und Gesellschaftskonstruktionen; aber seine konkrete Konstruktion des absolut souveränen Staates als Vermittlungsinstanz der Besonderheiten macht extrem deutlich, daß die Vermittlung von Allgemeinem und Besonderem eine die Individuen erheblich beschränkende Herrschaft impliziert. Sie müssen zuerst auf alle Rechte verzichten, und die allgemeine Vermittlungsinstanz definiert dann, was Rechte und Freiheiten der Individuen sein dürfen. Gerade dieser Nachweis der Fortexistenz von Herrschaft, auch unter den Bedingungen eines radikalen Individualismus, dürfte der entscheidende Grund dafür gewesen sein, daß Hobbes von den späteren bürgerlichen Theoretikern vehement abgelehnt wurde. Ihnen ging es nämlich um den Nachweis, daß unter den Bedingungen der bürgerlichen Gesellschaft eine Vermittlung des Allgemeinen mit dem Besonderen mit einer auf ein

77 Besonders Macpherson macht darauf aufmerksam, daß eine wesentliche Schwäche der Hobbesschen Theorie in der Nichtbeachtung des Klassencharakters der Gesellschaft seiner Zeit liegt. (*Besitzindividualismus*, S. 110 ff.) Die Notwendigkeit eines starken Staates für die Emanzipation der bürgerlichen Gesellschaft betont vor allem Horkheimer, *Bürgerliche Geschichtsphilosophie*, a.a.O., S. 53 ff.

Minimum reduzierten Herrschaft möglich sei: diesen Zweck erfüllten für sie – in einer funktionalen Betrachtungsweise – die Interessen. War es in der Hobbesschen Konstruktion notwendig, den unmittelbaren Strebungen der Menschen eine allgemeine Instanz mit dem Monopol der Definition der Gesamtsituation gegenüberzustellen, so behauptet man jetzt, in dem Konzept (und der Realität) von Interessen eine Form der Vermittlung gefunden zu haben, die beiden »Anforderungen« scheinbar gerecht wurde: Smith' Theorie der natürlichen Identität der Interessen.

III. Smith

1. Vergleich von Hobbes und Smith

Der landläufigen Meinung zufolge – hauptsächlich im Zusammenhang mit der Erforschung der geistesgeschichtlichen Ursprünge des Totalitarismus während des Zweiten Weltkriegs und danach – läßt sich kein größerer Gegensatz zwischen Theorien über Staat und Gesellschaft denken als der zwischen Hobbes' Absolutismus und Smith' Liberalismus, die ja beide eine Urväterrolle für die genannten Gedankensysteme spielen.[1] Wiederholt ist jedoch auf die eminente Bedeutung Hobbes' für die Entwicklung des Individualismus und Liberalismus hingewiesen worden.[2] Nach Oakeshott leistete Hobbes für die Philosophie des Liberalismus sogar mehr als die meisten ihrer professionellen Vertreter, vor allem mehr als Smith, der mit seiner ethischen Theorie der sozialen Neigungen (passions) das Problem des Individualismus nicht löste, sondern aus den Augen verlor.[3] Solcher Streit ist freilich müßig. Das Problem des Individualismus, d. h. das Individuum als logisches Apriori jeglicher Theorie über Staat und Gesellschaft, ist kein allgemeines, ein für allemal entscheidbares – so erscheint es nur in geistesgeschichtlicher oder formalsoziologischer Betrachtung –, sondern jeweils ein historisch konkretes, gesellschaftlich vermitteltes. Es in dieser Weise zu behandeln, kann hier nicht einmal ansatzweise versucht werden; aber es gibt den dem Problem angemessenen Zwischenweg des Vergleichs der Strukturen in Hobbes' Argumentationsgang und System mit denen der Smithschen Theorie der

1 Zu einem Vorläufer des Totalitarismus wird Hobbes von Vialatoux und Mourgeon gemacht; s. die Bemerkungen dazu bei Willms, *Vermessung des Leviathan*, a.a.O., S. 78 ff.

2 Vor allem von Tönnies, *Hobbes Lehre*, a.a.O. Die Ambivalenz des Hobbesschen Individualismus betonen: Borkenau, *Bürgerliches Weltbild*, a.a.O., S. 440 ff.; Horkheimer, *Bürgerliche Geschichtsphilosophie*, a.a.O.; Habermas, *Die klassische Lehre von der Politik*, a.a.O., S. 37 ff. Nach Habermas opfert Hobbes die liberalen Inhalte seiner Naturgesetze letztlich der absolutistischen Form ihrer Sanktionierung.

3 Oakeshott, *Introduction*, a.a.O., p. 57.

Marktgesellschaft. Ein Musterbeispiel im Vergleich der Identität und Verschiedenheit in den Strukturen von Argumentationsweisen und ihren Voraussetzungen liefert Blumenberg in seinen Untersuchungen *Die Legitimität der Neuzeit.* Lapidar stellt er in seiner Hobbes-Passage fest: »Absolutismus und Liberalismus beruhen auf demselben Prinzip der Selbstregulation, sie unterscheiden sich nur in der Beurteilung der Tödlichkeit des Ausgangszustandes und der in ihm wirksamen Kräfte.«[4] Und, so könnte hinzugefügt werden: der Integrations- und Vermittlungsmechanismus wird einmal als Staat, ein andermal als Gesellschaft bzw. konkret als Marktgesetzlichkeit gedacht. Ausgangspunkt für beide, Hobbes und Smith, ist also das Chaos der Leidenschaften und Interessen isolierter Individuen, aus dem sich ohne das Eingreifen einer transzendenten Macht (Blumenberg) durch die Selbsttätigkeit der Individuen eine Gesetzlichkeit der Selbstregulation dieses Chaos zu Ordnung und Einheit ergeben soll. Der Analogie folgend müßte in der Struktur des Systemzusammenhangs der Hobbessche, durch den Vertrag eines jeden mit jedem konstituierte souveräne Staat in Smith' Marktautomatismus sein Gegenstück haben. Unterstellt man diese Analogie, so hat sich die Analyse der Differenz innerhalb der Strukturgleichheit vornehmlich auf die Art des Übergangs von den isolierten, in ihrer Unmittelbarkeit befangenen Individuen zu dem, was als Vermitteltes die »Unmittelbarkeit« rückwirkend reguliert, sowie auf die besondere Verfassung des Regulationsmechanismus zu konzentrieren. Die historisch-gesellschaftlichen Unterschiede in der Entwicklung der bürgerlichen Gesellschaft zu Hobbes' und Smith' Zeiten sind der eigentliche Grund für die Differenz in der »Konstruktion« des Ordnung stiftenden Vermittlungsmechanismus und in der Weise, wie das Getriebe individueller Leidenschaften und Interessen als konkret erscheinendes System gedacht werden konnte. Darüber hinaus bestimmen sie die Art der Theoriebildung und das spezifische Klima des Denkens.

Hobbes und Smith unterscheiden sich in allen wichtigen Voraussetzungen und Bedingungen, die gemeinhin im Denken und in der Theoriebildung zu strukturverwandten Argumen-

4 Blumenberg, *Legitimität,* a.a.O., S. 192.

tationen und Systemkonstruktionen führen. Hobbes gilt als Exponent rationalistischer Sozialphilosophie. Der logische Zwang deduktiver Entwicklung des »sozialen Systems« (Staat) aus einfachen Elementen und den sie regierenden Prinzipien brachte ihn dazu, die erfahrbare Wirklichkeit seiner »eisernen Konsistenz«[5] unterzuordnen. Überspitzt formuliert: er konstruierte die Wirklichkeit aus der Gewißheit seines Denkens, während Smith aus der allen Individuen bekannten und selbstverständlichen Wirklichkeit die Einheit und Kausalität ihres Zusammenhanges herauslas. Smith will nicht im Denken die Synthese des empirisch Erfahrbaren erzwingen, sondern die real in der Wirklichkeit sich vollziehende Synthese aufweisen. Sein System ist nicht konstruktive Leistung wie bei Hobbes, sondern das Aussprechen der Erfahrung, die die Wirklichkeit bietet, wieviel auch immer an Ideologie sich dareinmischte. Gegenüber dem konstruktiven Systemwillen merkantilistischer Wirtschaftstheoretiker (als Paradebeispiel Stewart) wirkt Smith eher unsystematisch. Stewart versucht in allem, den kausalen Zusammenhang jedes Phänomens mit allen anderen Phänomenen nachzuzeichnen, und konstruiert einen großen Mechanismus des Gesamtzusammenhanges der Wirtschaft als rationale Grundlage für staatliche Wirtschaftspolitik. Smith hingegen gilt als der erste Ökonom, der eine systematische Theorie der Wirtschaft entwickelt hat, obgleich bei ihm die einzelnen wirtschaftlichen Erscheinungen theoretisch unverbunden nebeneinanderstehen. Und doch weiß er von einigen fundamentalen Prinzipien, die empirisch die Ordnung der wirtschaftlichen Handlungen isolierter Individuen bewirken, ohne sie jedoch als Axiome herausgestellt zu haben, aus denen alles zu deduzieren wäre. Bei Smith läßt die Darstellung der wirtschaftlichen Erscheinungen durch alle puritanischen Vorurteile hindurch eine reale Synthesis des Mannigfaltigen aufleuchten, die nicht subjektiv konstruiert ist, sondern sich selbst in der begriffenen Erfahrung ausweist.[6]

Smith begreift, durch den Entwicklungsstand der bürgerlichen

5 Parsons, *Structure of Social Action,* a.a.O., p. 97, Anm.

6 Zum Vergleich von klassischem und vorklassischem Denken in der Ökonomie: Jonas, *Was heißt ökonomische Theorie,* a.a.O.; Jonas, *Das Selbstverständnis der ökonomischen Theorie,* a.a.O., S. 13 ff.

Gesellschaft bedingt, daß sich die Eigendynamik der Wirklichkeit und ihr Vermittlungsmechanismus nicht mehr personalistisch auflösen lassen. Hobbes' methodische Resolution und Rekonstruktion des sozialen Systems erforderte demgegenüber geradezu, daß alle Wirklichkeit in die Handlungen konkreter Personen restlos auflösbar und aus ihnen zusammensetzbar sei. Knüpft man an das eigene Selbstverständnis von Hobbes und Smith an, so stellt sich die wesentliche Differenz zwischen ihnen dar als die von Kunst und Natur. Hobbes »große Maschine« können die Menschen, die zugleich »Werkstoff und Konstrukteur«[7] sind, nur nach sicheren Regeln – wie die der Arithmetik und der Geometrie – bewußt und planmäßig hervorbringen. Dies kommt im Vertragsmodell der Staatsgründung zum Ausdruck. Smith hingegen begreift seine Marktgesellschaft als ein System der natürlichen Freiheit, das spontan aus den unreflektierten Trieben und Neigungen der Menschen sich entwickelt. Künstliche, geplante Institutionen bedrohen dagegen seine innere, sich von selbst realisierende Harmonie. War für Hobbes die permanente Vergegenwärtigung der Konstitutionsbedingungen des Systems durch die Individuen eine wesentliche Bedingung seiner Stabilität, so ruht bei Smith die Stabilitätsbedingung in dem, was sich unbeabsichtigt aus den Handlungen der Individuen ergibt, deren objektiv bedingte Blindheit Konstituens der Harmonie ist. Für Smith hat der Vertrag als Modell einer rationalen Rekonstruktion der Entstehungsgeschichte von Staaten keinerlei Erklärungskraft.[8] Auf ihn den Gehorsam der Untertanen zu gründen, zerstört eher die Basis des faktisch von jedem immer schon geleisteten Gehorsams.

Gleichwohl findet sich auch bei Smith die Hobbessche Metapher der großen Maschine. Er verwendet sie – keineswegs ablehnend – in seiner Erörterung der Hobbesschen Ethik als des bedeutendsten ethischen Systems, das das Prinzip der moralischen Billigung aus der Selbstliebe ableitet. Dabei ersetzt Smith, ohne irgendeiner Differenz sich bewußt zu werden, den Staat als Gegenstand der Metapher durch die menschliche Gesellschaft. »Die menschliche Gesellschaft erscheint, wenn wir sie in einem gewissen abstrakten und

7 Hobbes, *Leviathan*, a.a.O., S. 5.
8 Smith, *Vorlesungen*, a.a.O., S. 9.

philosophischen Lichte betrachten, wie eine große ungeheure Maschine, deren regelmäßige und harmonische Bewegungen tausend angenehme Wirkungen hervorbringen. Wie bei jeder anderen schönen und edlen Maschine, die das Erzeugnis menschlicher Kunst ist, alles, was die Tendenz hat, ihre Bewegungen reibungsloser und ruhiger zu machen, aus dieser Wirkung eine gewisse Schönheit empfangen würde; und umgekehrt, alles, was die Tendenz hat, diese Bewegungen zu stören, aus diesem Grunde Mißfallen erregen müßte, so muß die Tugend, welche gleichsam die feine Politur an den Rädern der Gesellschaftsmaschine ist, notwendig Wohlgefallen hervorrufen; während das Laster wie der schlechte Rost, der schuld ist, wenn die Räder knarren und sich aneinander reiben, uns notwendig anstößig erscheinen muß.«[9]

An dieser Darstellung des Hobbesschen Systems wird das harmonistisch Glättende, die Gegensätze und Differenzen Verharmlosende der synkretistischen Sympathieethik Smith' besonders sinnfällig. Hobbes' »abstrakte und philosophische« Betrachtungsweise ist schwerlich warmes Licht, das den zu erkennenden Gegenstand in angenehmer Beleuchtung erscheinen läßt; sie ist eher hartem monochromatischen Licht vergleichbar, das an den Gesichtern der Menschen den Schädel als potentiellen Totenkopf hervortreten läßt. Sie ist die vermeintlich sich selbst setzende und sich voraussetzungslos denkende, konstruktive Vernunft, die gleichsam als zweite Schöpfung aus dem Nichts, dem elementaren, anarchischen Chaos die Überlebensbedingungen menschlichen Zusammenlebens im Staat erzeugt.[10] Nach Hobbes beziehen sich die moralischen Verhaltensregeln, die mit den Gesetzen der Natur identisch sind, auf Überleben oder Tod der isolierten Individuen, nicht auf die Schicklichkeit (Politur) oder Anstößigkeit (Rost) von Verhaltensweisen im befriedeten Zusammenleben. Wird das Nützliche bei Smith gebilligt, weil es angenehme Gefühle des Schönen erzeugt, so ist bei Hobbes

9 Smith, *Theorie*, a.a.O., S. 526. Mandeville dagegen, der Staat und Gesellschaft als künstlichen Mechanismus der Vereinigung gegensätzlicher Interessen konstruiert – gesteuert durch das geschickte Management des Souveräns –, läßt die Harmonie aus dem Antagonismus der Laster und Interessen hervorgehen. *Die Bienenfabel oder Private Laster, öffentliche Vorteile*, a.a.O.
10 Vgl. Blumenberg, *Legitimität*, a.a.O., S. 192.

Technizität des Staates die Bedingung seiner Funktionsweise.[11] Das ist der Sinn der Nützlichkeit bei Hobbes.

Smith bezeichnet die Differenz von Natur und Kunst in der Weise, daß die Natur die Synthesis der isolierten Einzelnen zur harmonischen Gesellschaft hervorbringt, während Kunst, als Tätigkeit des Staates, mit den Naturabsichten im Grunde zuwiderlaufenden Gesetzesregulierungen eher gefährlich erscheint. Der »Parteidoktrinär« ist für Smith nicht mehr – wie bei Hobbes – eine gesellschaftliche Instanz, die Herrschaft usurpieren will und deshalb die Einheit des Staates bedroht, sondern ein politischer Wille, der im Kunstgebilde Staat entsteht und das natürliche System der Gesellschaft seinen Planungen zu unterwerfen sucht. »Er [der Parteidoktrinär] scheint sich einzubilden, daß er die verschiedenen Glieder einer Gesellschaft mit ebensolcher Leichtigkeit umordnen kann, als die Hand die verschiedenen Figuren auf dem Schachbrett anordnet. Er bedenkt nicht, daß die Figuren auf dem Schachbrett kein anderes Bewegungsprinzip besitzen als jenes, welches die Hand ihnen auferlegt, daß aber auf dem großen Schachbrett der Gesellschaft jede einzelne Figur ein eigenes Bewegungsprinzip besitzt, das durchaus von demjenigen verschieden ist, welches der Gesetzgeber nach seinem Gutdünken ihr auferlegen möchte. Wenn diese beiden Prinzipien zusammenfallen und in der gleichen Richtung wirken, dann wird das Spiel der menschlichen Gesellschaft leicht und harmonisch vonstatten gehen und wahrscheinlich glücklich und erfolgreich sein. Wenn sie einander entgegengesetzt oder auch nur voneinander abweichend sind, dann wird das Spiel sehr schlecht vorwärts gehen und die Gesellschaft muß sich dann jederzeit in höchster Unordnung und Verwirrung befinden.«[12]

Zwar ist es notwendig und nützlich, daß sich die Gesetzgeber zur Orientierung ihres Handelns eine gewisse allgemeine und

11 Zur Technizität des Staats bei Hobbes: Schmitt, *Leviathan,* a.a.O., S. 61 ff.

12 Smith, *Theorie,* a.a.O., S. 396; Smith' Glättungs- und Verharmlosungstendenz übersieht im Bild des regelmäßig gegliederten Schachbretts den Sinn des Spiels: Die Figuren töten sich gegenseitig. Das ungewollt Wahre an dem Bild liegt darin, daß die kapitalistische Konkurrenz im Prinzip existenzbedrohend ist, allerdings vornehmlich für Arbeiter.

systematische Vorstellung von vollkommenen politischen und rechtlichen Zuständen[13] machen. Aber diese regulativen Ideen der Praxis dürfen nie Plan des Handelns werden, denn das hieße, statt sich der Eigenbewegung und dem Eigensinn der Bürger anzupassen, sein eigenes Urteil zur Regel ihres Handelns zu machen. »Das ist der Grund, warum von allen politischen Grüblern souveräne Fürsten bei weitem die gefährlichsten sind.«[14]

Jeder Einzelne hat sein eigenes Maß, und nur wenn man den Bewegungen aller Einzelnen freies Spiel läßt, stellt sich als Resultat eine natürliche Ordnung ein, die effizienter und harmonischer ist als selbst der weiseste politische Konstruktionsplan. Im strengen Sinne gibt es für Smith weder das Schachbrett noch die Regeln als greifbare Größen, die konstruierbar und manipulierbar sind. Es gibt nur die Figuren und ihre Bewegungen, die, von oben betrachtet, den Anschein erwekken, dem Zusammenspiel der sich selbst bewegenden Figuren läge ein allen Figuren bewußtes und sie orientierendes System von Regeln zugrunde. Und doch ist für Smith die Metapher des Schachspiels das angemessenste Bild von der Gesellschaft als System der natürlichen Freiheit. Zwar gibt es nur die isolierten Individuen mit ihren natürlichen Neigungen und Interessen, die sie bewegen und orientieren; doch ist die Unmittelbarkeit Schein: die Figuren sind gelenkt von einer realen Hand, deren Realität allerdings unsichtbar ist. Diese »unsichtbare Hand«[15] lenkt sie zu dem Zweck, die Harmonie und das Gedeihen des Ganzen zu fördern – und zwar gerade deshalb besonders wirksam, weil der Einzelne, nur seinem Eigeninteresse folgend, gar nicht beabsichtigt, es wirklich zu fördern. In dem gleichen Maße, wie der Einzelne nur unmittelbar seinem Vorteil nachgeht, vermittelt die »unsichtbare Hand« alle Einzelnen zur wohlgeordneten Einheit. Diese »unsichtbare Hand« ist der Preismechanismus, der aus den interessierten (= profitorientierten) Handlungen unabhängiger Individuen unter den Bedingungen vollständiger Freiheit und Konkurrenz permanent neu entsteht, ohne jemals als Vermittlungsmechanismus fixierbar und manipulierbar zu

13 Smith, *Theorie*, a.a.O., S. 396.
14 Smith, *Theorie*, a.a.O., S. 396.
15 Smith, *Theorie*, a.a.O., S. 316; Untersuchung, a.a.O., Bd. II, S. 235.

sein. Der Preismechanismus als allgemeiner Regel- und Kontrollmechanismus aller individuellen Handlungen entsteht aus den an ihrem besonderen Interesse orientierten Handlungen aller Einzelnen und nötigt alle rückwirkend im eigenen Interesse zu bestimmten, der jeweiligen Marktsituation angepaßten Handlungen. Die im Markt-Preismechanismus erscheinende ökonomische Kausalität der Handlungen aller Einzelnen hat somit ihren »Leitungsdraht«[16] im Selbstinteresse der Einzelnen und dirigiert die ökonomischen Handlungen über dieses Selbstinteresse zugleich in einer Weise, daß die privaten Nutzenkalküle in permanent steigenden Volkswohlstand ausmünden.

2. Interesse in Smith' Ethik

Wohlwollende und selbstische Neigungen sind nach Smith' *Theorie der ethischen Gefühle* gleicherweise Gegenstand moralischer Billigung wie Mißbilligung. Sympathie ist der psychische Mechanismus, der es jedermann ermöglicht, die Affekte anderer Menschen mit- bzw. nachzuempfinden, und der damit die Motivationsbasis abgibt, die eigenen und fremden Motive und Handlungen moralisch zu billigen und mißbilligen.

Implizit liegt in der Sympathie als dem Vermögen moralischen Urteils und als dem ursprünglichen Motiv moralischen Handelns die Vorschrift, jeder solle sich so verhalten, daß ich mit ihm sympathisieren kann. Denn das Phänomen moralischer Billigung gründet in der durch den psychischen Mechanismus sympathetischer Gefühlsübertragungen ermöglichten Feststellung der Übereinstimmung meiner Affekte mit denen anderer Menschen. Das läuft letztlich auf folgende simple Tautologie hinaus: »Die Ansichten eines anderen billigen, heißt diesen Ansichten beipflichten und ihnen beipflichten heißt sie billigen. [...] Die Ansichten anderer billigen oder mißbilligen bedeutet also, wie jedermann zugeben wird, nichts anderes, als deren Übereinstimmung oder Nichtübereinstimmung mit unseren eigenen bemerken. Ganz gleich aber ver-

16 Jonas, *Stabilitätspostulat*, a.a.O., S. 528.

hält es sich in bezug auf unsere Billigung oder Mißbilligung der Empfindung oder Affekte anderer.«[17]

Die hier behauptete Identität im allgemeinen Phänomen der Billigung von Meinungen und Empfindungen anderer bedeutet, daß der jeweils Urteilende (in intellektueller oder moralischer Hinsicht) sich selbst in seiner Zufälligkeit zum Maß dessen macht, was alle anderen denken und empfinden sollten. Denn nur dort, wo er eine Übereinstimmung zwischen seiner Besonderheit im Meinen und Empfinden mit der Besonderheit anderer feststellt, billigt er das, was der andere denkt, empfindet oder tut. »Jedes Vermögen, das ein Mensch in sich findet, ist der Maßstab, nach welchem er das gleiche Vermögen bei einem anderen beurteilt. Ich beurteile deinen Gesichtssinn nach meinem Gesichtssinn, dein Gehör nach meinem Gehör, deine Vernunft nach meiner Vernunft, dein Vergeltungsgefühl nach meinem Vergeltungsgefühl, deine Liebe nach meiner Liebe. Ich habe kein anderes Mittel und kann kein anderes Mittel haben, sie zu beurteilen.«[18]

Dieser radikal individualistische Ansatz, nach dem sich jeder zum Maß der Beurteilung aller anderen macht, scheint die Möglichkeit verbindlicher Kriterien und Standards, die allen gemeinsam sind, auszuschließen – es sei denn, man unterstellt, daß alle Menschen von vornherein in allen ihren Vermögen und Urteilen gleich sind. Dann würde sich jedoch die Frage, warum etwas und was gebilligt bzw. mißbilligt wird, erst gar nicht als Problem stellen. Die Billigung der Empfindungen und Handlungen anderer besteht aber nicht einfach in der Feststellung der Übereinstimmung zwischen den in mir durch Sympathie erzeugten Empfindungen des anderen mit den Empfindungen, die ich in dessen Situation haben würde. Auf diese Weise kann nur die Billigung anderer Ansichten erklärt werden, weil jede Ansicht schon ein Urteil enthält. Vielmehr beurteile ich die Empfindungen des anderen nach den Empfindungen, die ich mir in seiner Lage als schicklich und angemessen zubilligen würde. Meine Empfindung, die ich zum Maß der moralischen Billigung für die Empfindungen aller anderen mache, ist somit schon vorgängig von mir selbst an Kriterien moralischer Schicklichkeit gemessen worden. Die

17 Smith, *Theorie*, a.a.O., S. 15 f.
18 Smith, *Theorie*, a.a.O., S. 19.

Maßstäbe moralischer Schicklichkeit und Billigung, das Beurteilungskriterium der Moralität findet nach Smith jeder in den sympathetischen Empfindungen eines vorgestellten unparteiischen Zuschauers, dessen Empfindungen deshalb zum Kriterium der Moralität genommen werden können, weil er selbst nicht affektiv ins Geflecht der Neigungen und Abneigungen verstrickt ist. »Wir bemühen uns, unser Verhalten so zu prüfen, wie es unserer Ansicht nach irgendein anderer gerechter und unparteiischer Zuschauer prüfen würde. Wenn wir uns erst in seine Lage versetzen und wir dann immer noch an allen Affekten und Beweggründen, die unser Verhalten bestimmen, durchaus inneren Anteil nehmen, dann billigen wir dieses Verhalten aus Sympathie mit der Billigung dieses gerechten Richters, den wir in Gedanken aufgestellt haben.«[19]
Jeder Mensch ist für jeden anderen das Modell des vorgestellten unparteiischen Zuschauers. Und indem sich jeder an den moralischen Urteilen der anderen orientiert, um in dem zum unparteiischen Zuschauer synthetisierten faktischen moralischen Urteilen der anderen die Instanz der Selbstbilligung und der Billigung des Handelns anderer zu gewinnen, bildet sich in jedem das Gewissen als innerlich gegenwärtige Instanz moralischer Beurteilung. Der als Gewissen verinnerlichte, ursprünglich nur vorgestellte äußere unparteiische Zuschauer ist die höchste irdische Instanz moralischer Billigung, die die faktische äußerliche Zensur des einen Menschen durch den anderen in ihrem Gewicht relativiert. »Der Beifall der ganzen Welt wird uns nicht viel helfen, wenn unser eigenes Gewissen uns verurteilt, und die Mißbilligung der ganzen Menschheit wird nicht imstande sein, uns zu betrüben, wenn der Gerichtshof in unserer eigenen Brust uns freispricht, und wenn unser Herz uns sagt, daß die ganze Menschheit im Unrecht ist. Obgleich aber dieser Gerichtshof in unserer Brust der höchste Schiedsrichter über alle unsere Handlungen ist, obwohl er die Entscheidungen der ganzen Menschheit umzustoßen und uns zu kränken vermag, wenn die Welt uns tadelt, so werden wir doch, wenn wir dem Ursprung seiner Einsetzung nachforschen, finden, daß seine Gerichtsbarkeit größtenteils von dem Ansehen eben jenes anderen Gerichtshofes

19 Smith, *Theorie*, a.a.O., S. 167.

abgeleitet ist, dessen Entscheidungen er so oft und mit vollem Recht umstößt.«[20]
Nicht nur genetisch ist der »Mensch in unserer Brust« von der täglich vollzogenen moralischen Beurteilung (Kontrolle) durch die Umwelt abhängig; er ist auch in seiner permanenten Steuerungsfunktion auf den Außenhalt in der Kontrolle durch die Umwelt angewiesen. So wie einem isoliert lebenden Menschen nie ein Gewissen entstehen würde, so setzt der Verlust von Außenkontrolle den inneren Kompaß wieder außer Kraft, weil der Einsame all das überstark empfindet, was sich unmittelbar auf ihn bezieht.[21] Der innere unparteiische Richter liefert den Maßstab, nach dem alle menschlichen Neigungen und Leidenschaften – die wohlwollenden wie die selbstischen – auf ihre Schicklichkeit geprüft werden. Besonders wichtig ist seine Funktion in der Selbstbeschränkung unserer Interessen im Vergleich mit denen anderer. Da den ursprünglichen egoistischen Affekten der Menschen, die weitaus stärker als die wohlwollenden sind, der eigene kleinste Gewinn und Vorteil weit bedeutsamer erscheint als jede noch so wichtige Angelegenheit eines anderen, vermag nur Rollenwechsel im Interessenwiderstreit zu einem gerechten Vergleich zu führen. Denn jeder wird in der Übernahme der Rolle des anderen dessen Interessen nicht mit dessen Augen sehen (schließlich geht es ja jedem um seine eigenen Interessen), sondern mit den Augen eines unparteiischen Zuschauers. Nur so ist es möglich, die Ungleichheit im interessierten Urteil eines jeden auf das Maß des Gerechten und Schicklichen hin zu berichtigen. Daß der für die Gerechtigkeit notwendige Rollenwechsel spontan und permanent vollzogen wird, verdanken alle interessierten Einzelnen der mächtigen Wirksamkeit des verinnerlichten Richters. »Dieser unparteiische Zuschauer allein lehrt uns die wirkliche Geringfügigkeit unseres eigenen Selbst, und alles dessen, was uns angeht, erkennen und nur durch das

20 Smith, *Theorie*, a.a.O., S. 297.
21 Smith, *Theorie*, a.a.O., S. 229 f. »In der Einsamkeit sind wir geneigt, alles das allzu stark zu empfinden, was sich auf uns selbst bezieht; wir sind dann geneigt, die guten Dienste, die wir anderen etwa erwiesen haben, zu überschätzen und ebenso das Unrecht, das uns selbst angetan wurde, zu hoch anzuschlagen. Der Mensch in unserer Brust, der gedachte und ideale Beobachter unseres Fühlens und Verhaltens, muß oft durch die Gegenwart eines wirklichen Beobachters geweckt und an seine Pflicht erinnert werden.«

Auge dieses unparteiischen Zuschauers können die natürlichen Täuschungen der Selbstliebe richtiggestellt werden. Er ist es, [...] der uns zuruft, daß wir nur einer aus der Menge sind und in keiner Hinsicht besser als irgendein anderer dieser Menge.«[22]

Der unparteiische innere Zuschauer bewirkt zunächst einmal, daß sich die selbstischen Neigungen im Verfolgen ihrer Ziele innerhalb der Grenzen der Gerechtigkeit halten. Gerechtigkeit, für Smith die Tugend, deren Regeln so streng einzuhalten sind wie die der Grammatik[23], hält die Menschen dazu an, die anderen nicht in ihrer Glückseligkeit und ihrem Wohlbefinden zu schädigen. Der »innere Zuschauer« schreibt aber nicht nur negativ den selbstischen Neigungen Grenzen vor; einige Handlungsweisen und Charaktereigenschaften, die nur aus selbstischen Neigungen entspringen, werden ausdrücklich moralisch gebilligt, wenngleich sie nicht höchste moralische Achtung erfahren und verdienen. Sparsamkeit, Fleiß, Wirtschaftlichkeit, geistige Regsamkeit, Umsicht als Voraussetzungen des am höchsten zu billigenden selbstischen Strebens, seine eigene Lage zu verbessern, werden gebilligt, weil sie die Realisationsbedingungen der auf Zukunft gerichteten Sicherung eigenen Fortkommens sind.[24]

Wichtiger noch ist die Mißbilligung der Neigungen der Freude und des Genusses, wenn sie den in der augenblicklichen Unmittelbarkeit befangenen Menschen davon abhalten, sich mit der nötigen Sorgfalt und Aufmerksamkeit jenen ökonomischen Dingen zuzuwenden, auf die sich all unser Eigennutz zu richten hat.[25] »Wenn allerdings dieser Hang zur Freude nicht durch das Gefühl für das sittlich Richtige im Zaume gehalten wird [...], wenn ein Mensch sein Interesse oder gar seine Pflicht vernachlässigt, um sich ihm zu überlassen, dann wird dieser Hang mit Recht getadelt, da er über-

22 Smith, *Theorie,* a.a.O., S. 203. Die Geringfügigkeit des einzelnen Menschen erscheint in der Ökonomie in der Unbeeinflußbarkeit der Marktgesetze, die jeden seine Ohnmacht erfahren lassen. Der unparteiische Zuschauer ist Riesmans Kreiselkompaß des innengeleiteten Menschen (als bürgerlicher Sozialtyp). Smith legt aber mehr Gewicht auf die Bedeutung des Außenhalts in der Umweltkontrolle.

23 Smith, *Theorie,* a.a.O., S. 268.

24 Smith, *Theorie,* a.a.O., S. 365 ff.

25 Smith, *Theorie,* a.a.O., S. 507.

mäßig und sowohl für das Individuum als für die Gesellschaft schädlich ist.«[26]

Die puritanische Form der Arbeitsdisziplin behandelt kennzeichnenderweise Interesse und Pflicht als zwei sich ergänzende Seiten des Gegensatzes zwischen Individuum und Gesellschaft, wobei im Interesse die dem Individuum scheinbar vollständig gerecht werdende Vermittlung beider gesehen wird. Wie sehr das Interesse als Vermittelndes eine durchgängig gesellschaftlich bestimmte Form der Vermittlung ist, zeigt sich darin, daß Interesse und Pflicht dem unmittelbaren Glücksverlangen des Individuums direkt entgegengesetzt werden. Smith billigt zwar dem Selbstinteresse ebenso einen moralischen Wert zu, wie vor ihm ein solcher Wert in der schottischen Moralphilosophie überwiegend wohlwollenden Neigungen zugestanden wurde. Aber das Selbstinteresse ist schon auf eine Orientierungsweise und Motivationskraft des Handelns zur Erfüllung funktionaler Leistungen im Marktverkehr verkürzt. Denn moralisch gebilligt werden im Interesse die Verhaltensweisen, die der ökonomische Prozeß als sachlich bedingte ›Verhaltenserwartung‹ den Individuen abverlangt.

Smith' Bemerkung, daß »jeder einzelne sein eigenes Maß hat«, kann nicht zu den Konsequenzen des Hobbesschen Chaos führen, weil diesem Eigenmaß schon durch zwei genuin gesellschaftlich bestimmte Regulationsmechanismen der Stachel genommen ist: einerseits durch die Zensur des unparteiischen Zuschauers, andererseits durch das Selbstinteresse, das marktbestimmte Profitorientierung vorschreibt.

3. Interesse als »Leitungsdraht ökonomischer Kausalität«

Wie in der *Theorie der ethischen Gefühle*, so gibt Smith auch in der Untersuchung über den Volkswohlstand keine Definition des Begriffs Selbstinteresse. In der *Theorie* wird Interesse als eine der zahllosen selbstischen Neigungen dadurch näher charakterisiert, daß die von ihm hervorgebrachten Charaktereigenschaften Fleiß und Sparsamkeit die Klugheitstugen-

26 Smith, *Theorie*, a.a.O., S. 415.

den wirtschaftlichen Handelns sind. Inhalt dieses moralisch gebilligten Interesses ist das Bestreben, die eigene Lage zu verbessern. In seiner Wirkung auf die Mitmenschen hat jeder sein Interesse nach den strikten Vorschriften der Gerechtigkeit zu begrenzen, wenn ihm moralische Billigung zuteil werden soll. – Eine weitere Vorschrift der Tugend besagt, daß einerseits niedere Interessen der Unmittelbarkeit und des Augenblicks zukunftsorientierten höheren Interessen zu opfern sind, andererseits die eigenen Privatinteressen den übergeordneten allgemeineren Interessen des Standes, der Gemeinschaft und des Staates.[27]

In der *Untersuchung* verwendet Smith Selbstinteresse inhaltlich ununterschieden von Interesse, eigenem Interesse, Privatinteresse, Selbstliebe und dem Verlangen, die eigene Lage zu bessern. Selbstinteresse ist eine ruhige, leidenschaftlose und beständige Handlungsdisposition, die uns von der Wiege bis ins Grab begleitet[28], das mächtige Prinzip, das alle »unverschämten Hindernisse« überwindet, die ihm die »Torheit menschlicher Gesetze« in den Weg legen.[29]

Interesseorientiertes Handeln in der Wirtschaft findet in keinem positiven Gesetz irgendwelche Erfolgsgarantien, allein dieses »sehr mächtige Prinzip des offenen und klaren Interesses jedes einzelnen«[30], »das mächtige Motiv des Eigennutzes«[31], bietet den einzig möglichen Schutz vor eigenem Schaden und Verlust. Abgegrenzt wird Selbstinteresse von Habsucht und Habgier, teils sogar in Gegensatz dazu gestellt. Als unbillige und ungerechte Habgier werden vor allem die Handlungsweisen und Zielsetzungen der Kaufleute und Manufakturisten im Merkantilismus abqualifiziert, weil diese der Allgemeinheit schadende Monopole und Sondergesetzgebungen für ihren Vorteil auf Kosten anderer erwirkten.[32]

Smith' positiv bewerteter Interessebegriff ist das legitime Grundprinzip wirtschaftlichen Handelns nur unter den Bedingungen einer entfalteten Marktgesellschaft mit unge-

27 Smith, *Theorie*, a.a.O., S. 398 ff.
28 Smith, *Untersuchung*, a.a.O., Bd. II, S. 96.
29 Smith, *Untersuchung*, a.a.O., Bd. II, S. 354.
30 Smith, *Untersuchung*, a.a.O., Bd. II, S. 92.
31 Smith, *Untersuchung*, a.a.O., Bd. III, S. 134.
32 Vgl. Smith, *Untersuchung*, a.a.O., Bd. I, S. 34; Bd. II, S. 161, 494.

hinderter Konkurrenz. Ursache der Marktwirtschaft ist der Tauschtrieb des Menschen, das Ordnungsprinzip wirtschaftlichen Handelns gründet im Selbstinteresse eines jeden, und das Ziel der Wirtschaft als Gesamtzusammenhang aller einzelnen interesseorientierten Handlungen ist der Volkswohlstand. Die Größe des Volkswohlstandes ist abhängig von der Produktivkraft der Arbeit und der Anzahl produktiver Arbeiter; vor allem die Arbeitsproduktivität erhöht sich mit fortschreitender Arbeitsteilung. Sie wirkt in dreifacher Weise produktivitätssteigernd. Die Reduktion der Tätigkeit des Arbeiters auf einige wenige einfache Handgriffe erhöht 1. seine Geschicklichkeit, spart 2. Zeit, die bei fehlender Arbeitsteilung durch den Übergang von einer Tätigkeitsart zur anderen verloren geht, und macht schließlich 3. die Ausführung der auf einfache mechanische Bewegungen vereinfachten Arbeitsvollzüge durch Maschinen möglich.[33]
Die Erkenntnis dieser drei produktivitätssteigernden Ursachen hat Smith – wie an seinem Beispiel der Stecknadelfabrikation deutlich wird – an der produktionstechnischen Arbeitsteilung der Manufaktur gewonnen. In ihr arbeitet zwar jeder Arbeiter für sich, in seinen Arbeitsvollzügen unabhängig von allen anderen Arbeitern, aber die Wirkung dieser Arbeitsteilung setzt voraus, daß die Arbeitsresultate aller einzelnen, in ihrer Arbeit isolierten, unselbständigen Lohnarbeiter schon vorweg organisatorisch im Hinblick auf das Gesamtresultat zusammengefaßt sind. Die planmäßig organisierten Einzelarbeiten im Manufakturbetrieb waren im Merkantilismus Modell der wirtschaftspolitischen Organisation der Gesellschaft zu einem Gesamtmechanismus, dessen zwecksetzendes Subjekt der Staat war.
Die produktivitätssteigernde Wirkung technisch-organisatorischer Arbeitsteilung im Betrieb dient Smith hingegen als Anschauungsbeispiel der »segensreichen Wirkung« einer gesellschaftlichen Arbeitsteilung, die auf der marktvermittelten freiwilligen Kooperation selbständiger Wirtschaftssubjekte beruht. Ohne eine Differenz zwischen betrieblicher und gesellschaftlicher Arbeitsteilung anzugeben, geht Smith unmittelbar von der einen zur anderen über und erklärt die

33 Smith, *Untersuchung*, a.a.O., Bd. I, S. 10 ff.

Arbeitsteilung aus dem allgemein menschlichen Hang zum Tausch, auf dessen Erklärung und Ableitung er ausdrücklich verzichtet.[34] »Diese Arbeitsteilung, aus welcher so viele Vorteile sich ergeben, ist nicht ursprünglich das Werk menschlicher Weisheit, welche die allgemeine Wohlhabenheit, zu der es führt, vorhergesehen und bezweckt hätte. Sie ist die notwendige, wiewohl sehr langsame und allmähliche Folge eines gewissen Hanges der menschlichen Natur, der keinen solch ausgiebigen Nutzen erstrebt, des Hanges zu tauschen, zu handeln und eine Sache gegen eine andere auszuwechseln.«[35]

Im Tausch glaubt Smith ein Prinzip gefunden zu haben, aus dem die Arbeitsteilung als Grund aller wirtschaftlichen Fortschritte von der Urhorde bis in die zivilisierte Gesellschaft seiner Zeit erklärt werden kann. Andererseits unterstellt er eine bereits entwickelte gesellschaftliche Arbeitsteilung, um verständlich zu machen, warum die Menschen tauschen. In einer zivilisierten Gesellschaft ist nämlich jeder Mensch in der Zwangslage, zur Erhaltung seines Lebens auf die Mitwirkung und den Beistand anderer Menschen angewiesen zu sein. Da Smith – wie die gesamte liberale bürgerliche Sozialphilosophie – das primär selbstbezogene Individuum als anthropologischen Normaltypus des Menschen unterstellt, kann niemand die benötigte Hilfe allein vom Wohlwollen der anderen erwarten. »Er wird viel eher zum Ziele kommen, wenn er ihre Eigenliebe zu seinen Gunsten interessieren und ihnen zeigen kann, daß sie selbst Vorteil davon haben, wenn sie für ihn tun, was er von ihnen haben will. Wer einem anderen einen Handel anträgt, macht ihm den folgenden Vorschlag: Gib mir, was ich will, und du sollst haben, was du willst, – das ist der Sinn jedes derartigen Anerbietens; und so erhalten wir

34 Smith, *Untersuchung*, a.a.O., Bd. I, S. 17: »Ob jener Hang eines jener Urelemente der menschlichen Natur ist, von denen sich weiter keine Rechenschaft geben läßt, oder ob er, was mehr Wahrscheinlichkeit für sich hat, die notwendige Folge des Denk- und Sprachvermögens ist, das gehört nicht zu unserer Untersuchung.« Zu Smith' *Untersuchung* gehört es nur, die Wirkung der empirisch aufweisbaren Triebe und Neigungen der Menschen aufzuzeigen. Der Verzicht auf Ermittlung der gesellschaftlichen Bestimmungen der Handlungsantriebe ist aber nicht nur freiwilliger Methodenentscheid, sondern hat seinen Grund in den Schranken des bürgerlichen Selbstverständnisses.

35 Smith, *Untersuchung*, a.a.O., Bd. I, S. 17.

voneinander den bei weitem größeren Teil der guten Dienste, die wir benötigen. Nicht von dem Wohlwollen des Fleischers, Bauers oder Bäckers erwarten wir unsere Mahlzeit, sondern von ihrer Bedachtnahme auf ihr eigenes Interesse. Wir wenden uns nicht an ihre Humanität, sondern an ihre Eigenliebe, und sprechen ihnen nie von unseren Bedürfnissen, sondern von ihren Vorteilen.«[36]

Dieses Zitat, in dem Smith zum ersten Mal in seiner *Untersuchung* von Eigenliebe bzw. Interesse spricht, bringt die bedeutendste Leistung des Liberalismus für den Interessebegriff zum Ausdruck. Das Interesse als Vorteil des anderen ist Voraussetzung dafür, daß ich mein Interesse verwirklichen kann. Mein Interesse richtet sich zunächst (im Zitat) auf die für mich lebensnotwendigen Dienste und Güter anderer, die ich jedoch nur erlangen kann, wenn ich im Tausch dem Interesse des anderen diene. In der Tauschbeziehung richtet sich das unmittelbare Interesse eines jeden auf den Gegenstand des anderen. Um in zahllosen Tauschrelationen interessanter Anbieter zu sein, muß sich mittelbar das Interesse eines jeden auf die Intensivierung der Produktion prinzipiell begehrter Waren zum Zwecke des Austausches richten. Intensivierung der Produktion fordert die ausschließliche Beschränkung eines jeden auf die Herstellung der Ware, die jeder am geschicktesten verfertigen kann. »Und so spornt die Gewißheit, allen Produktenüberschuß seiner Arbeit, der weit über seine eigene Konsumtion hinausgeht, (Smith spricht hier über den Tausch zwischen Jägern und Hirten), für solche Produkte der Arbeit anderer, die er gerade braucht, austauschen zu können, einen jeden an, sich einer bestimmten Beschäftigung zu widmen und zur Vollkommenheit zu bringen.«[37]

Die arbeitsteilig spezialisierten Fähigkeiten aller einzelnen Privatarbeiter schließen sich durch den die isolierten Einzelnen miteinander gesellschaftlich vermittelnden Tausch zu einem in sich gegliederten Gesamtvermögen menschlicher Arbeit zusammen, dessen objektive gegenständliche Struktur in der gesellschaftlichen Arbeitsteilung sichtbar wird. »Bei den Menschen sind im Gegenteil – zu den Tieren – [Smith' beliebter Vergleichsgegenstand zur Exemplifikation der

36 Smith, *Untersuchung*, a.a.O., Bd. I, S. 18 f.
37 Smith, *Untersuchung*, a.a.O., Bd. I, S. 20.

Besonderheiten der Arbeitsteilung] die unähnlichsten Anlagen einander von Nutzen, indem die verschiedenen Produkte ihrer respektiven Talente durch den allgemeinen Hang zum Tauschen, Handeln und Auswechseln sozusagen zu einem Gesamtvermögen werden, woraus ein jeder den Teil des Produkts von anderer Menschen Talente kaufen kann, den er benötigt.«[38] Der einfache Tauschhandel enthält schon alle Elemente, die die Sozialbeziehungen der Austauschenden in einer Gesellschaft der einfachen Warenproduktion, die von der Zirkulation her analysiert wird, kennzeichnen. Die allgemeine Einführung des Geldes als Tauschmittel verändert nicht diese Beziehungen, sondern läßt sie einerseits nur klarer, in ihrer reinen Form, erscheinen, wie sie sie andererseits zugleich verschleiert, indem der Schein entsteht, der vom Gebrauchswert der Waren zu unterscheidende Tauschwert entspringe aus der Gleichsetzung der Ware mit einer bestimmten Geldmenge.

Smith führt in seiner Analyse das Geld zunächst als Mittel zur Erleichterung der Tauschoperation ein, woraus diesem dann die Funktion zuwächst, als idealer Maßstab die Tauschwerte der Waren zu messen, nicht aber sie zu begründen. Nach dem berühmten Biber-Hirsch-Beispiel bestimmen sich die Tauschwerte der Waren nach den in ihnen enthaltenen Arbeitsquantitäten. »Was für Geld oder andere Güter gekauft wird, ist ebenso durch Arbeit erlangt als das, was wir uns durch die Anstrengung unseres eigenen Körpers verschaffen. Jenes Geld oder jene Güter ersparen uns in der Tat diese Anstrengung. Sie enthalten den Wert einer bestimmten Quantität Arbeit, die man gegen etwas vertauscht, wovon man zur Zeit glaubt, daß es den Wert einer gleichen Quantität enthalte. [...] Die Arbeit ist also der wahre Maßstab des Tauschwertes aller Waren.«[39]

38 Smith, *Untersuchung*, a.a.O., Bd. I, S. 21 f.

39 Smith, *Untersuchung*, a.a.O., Bd. I, S. 37. Smith hat keine konsistente Theorie der Wertbestimmungsgründe der in der Zirkulation erscheinenden Tauschwerte der Waren. Die einzige klare und konsequent durchgehaltene Unterscheidung bei ihm ist die zwischen Gebrauchswert und Tauschwert, letzterer gilt ihm allein als erklärungsbedürftig (Bd. I, S. 35 f.). Smith' verschiedene Aussagen über die Wertbestimmungsgründe machten es möglich, daß alle späteren subjektiven und objektiven Werttheorien ihre Argumente mit Smith-Zitaten belegen konnten. Ansatzweise entwickelt er sogar eine Preislehre ohne Werttheorie. Vgl. dazu Hofmann, *Studientexte*, a.a.O., Bd. I, S. 43 ff.

Im Sinne von Marx' Analysen der Zirkulationssphäre[40] erweist sich die Smithsche Darstellung des Tauschhandels als reale Basis der Begriffe Mensch, Freiheit und Gleichheit im bürgerlichen Selbstverständnis. Jeder Mensch bestimmt sich selbst in seiner Tätigkeit, deren Resultate als Teil des allgemeinen Vermögens der Menschheit jedem im Austausch zugänglich sind. Dabei ist das Handeln jedes Einzelnen von seiner eigenen Vernunft geleitet und nur von seinem privaten Interesse bestimmt. Indem jeder seiner freigewählten, selbstbestimmten Tätigkeit nachgeht, entfaltet jeder in ihr seine eigentümliche Individualität. Die Individualität und die natürliche Besonderheit der Bedürfnisse und Fähigkeiten der Menschen sind Voraussetzung und Motiv ihrer wechselseitigen Beziehungen untereinander im Austausch, indem jeder über sich hinausgreift und doch alle zugleich ihre Selbständigkeit bewahren. Das eine Individuum besitzt in seinen Waren die Gegenstände der Bedürfnisse des anderen Individuums, wie dieses die Gegenstände der Bedürfnisse des ersteren besitzt. Vermittels des freien, gewaltlosen Austausches der Waren, wozu jeder den anderen überredet und worin sie sich zugleich gegenseitig als Eigentümer anerkennen, wird jeder zum Mittel des anderen und realisiert darin gleichwohl nur sich als Selbstzweck. Keiner redet von seinen Bedürfnissen – was tierisch und nicht menschlich wäre –, keiner spekuliert auf das Wohlwollen der anderen, wodurch er sich »in die Abhängigkeit eines zumindest zur Dankbarkeit Verpflichteten begäbe«[41], jeder redet nur von den Vorteilen des anderen – womit jeder die Freiheit eines jeden und die Gleichheit aller voraussetzt und bestätigt. Die einen jeden für sich zum Austausch zwingenden Bedürfnisse seiner natürlichen Individualität sind nur die Basis und Voraussetzung des Austauschs, bestimmen aber nicht seine soziale Form, die in der Freiheit und Gleichheit des Äquivalententausches besteht. Daß entwickelte gesellschaftliche Arbeitsteilung die gegeneinander gleichgültigen Individuen objektiv in eine wechselseitige und allseitige Abhängigkeit voneinander versetzt, deutet Smith

40 Marx, *Grundrisse*, a.a.O., S. 151 ff.

41 Smith setzt das unter Anm. 36 angegebene Zitat fort: »Nur einem Bettler kann es passen, fast ganz von dem Wohlwollen seiner Mitbürger abzuhängen« (Bd. I, S. 19).

selbst an, wenn er von der »Zwangslage« spricht, daß jeder in der zivilisierten Gesellschaft die »Mitwirkung und den Beistand einer großen Menge von Menschen jederzeit braucht«.[42] Der objektive gesellschaftliche Zwangszusammenhang der Arbeitsteilung – die sachliche Notwendigkeit des Austausches – wird aber primär von seiner subjektiven Seite aus gesehen. Sie war das historisch Neue und Fortschrittliche. So sehr jeder zum Austausch gezwungen war, jeder bestimmte sich dennoch selbst entsprechend seinen Neigungen und Fähigkeiten zu seiner Privatarbeit. Nach eigenem Belieben ergreift das Individuum diese oder jene Arbeit, weder die qualitative Besonderheit der Arbeit noch das besondere Verhältnis des Individuums zu seiner besonderen Arbeit ist gesellschaftlich bestimmt, nur das Allgemeine an ihr, ihr Tauschwertcharakter, ist ein rein gesellschaftliches Produkt. Indem Smith den Tauschtrieb zur Ursache der gesellschaftlichen Arbeitsteilung macht und zum permanenten allseitigen Vermittler zwischen den Individuen in einer arbeitsteiligen Eigentumsmarktgesellschaft, spricht er implizit selbst aus, daß die Tauschwertproduktion gesellschaftliche Voraussetzung und ständiges Resultat einer Produktion ist, in der voneinander unabhängige Privateigentümer ihrem beliebig gewählten Geschäft nachgehen. Indem Smith den Zwang zum Tausch zum anthropologisch konstanten Tauschtrieb des Menschen umdeutet, gibt er zwar einen objektiven Zwang als subjektives Wollen der Gezwungenen aus, aber er hält doch in dieser Verkehrung das historisch neue und wichtige Moment fest, daß in der Gesellschaft keine Zwänge vorliegen, die nicht letztlich durch den Willen aller Einzelnen vermittelt sind. Smith ist ebenso berechtigt, den Zwang zum Austausch im Tauschtrieb als unmittelbaren Willen der Austauschenden auszugeben, wie Hobbes die souveränen Willensakte in Gesetzesform unmittelbar mit dem Wollen aller Untertanen identifizieren konnte. Denn der Zwang zum Austausch ist ebenso abstrakt allgemein, wie Hobbes' Gesetze des Souveräns nur die formalen Bedingungen der Sicherheit einer Sphäre bürgerlicher Beliebigkeit festsetzen.

Noch wichtiger als das strukturell Gemeinsame in dieser Ana-

42 Smith, *Untersuchung*, a.a.O., Bd. I, S. 18.

logie Smith-Hobbes ist die Differenz in ihr. Die zur Systemeinheit zwingende Gesetzgebung Hobbes' erfordert einen Willen, der den eigensüchtigen Individuen souverän als selbständige reale Existenz gegenübertritt. Den Smithschen Privateigentümern hingegen tritt der Zwang zum Austausch nur als sachliche Notwendigkeit entgegen. Kein realer fremder Wille, sondern nur die Substanz ihres eigenen Willens zwingt sie. Das Zwingende in diesem Willen erfahren sie primär nur als ihre natürlichen Bedürfnisse und Triebe, als die Natürlichkeit ihrer Individualität.

Die bisherige Darstellung des einfachen Tauschhandels oder, allgemeiner, der Zirkulationssphäre als einer Totalität, in der sich die freien, gleichen Individuen permanent miteinander vermitteln und dennoch in dieser Vermittlung ihre Selbständigkeit und Gleichgültigkeit gegeneinander erhalten, ließ unbestimmt, was das konkrete Interesse der besonderen Individuen im Austausch ist. Allgemein läßt sich nur soviel darüber sagen, daß jeder Privatarbeiter Waren für den allgemeinen Markt produzieren muß, die ihm Mittel sind, um im Austausch die für beliebige Zwecke notwendigen Gegenstände aneignen zu können.

Solange das Individuum unmittelbar durch seine Bedürfnisse zum Austausch gezwungen wird, ist sein Interesse am Austausch ein rein »stoffliches« [43] am Gegenstand der Tausch-

43 Der Terminus »stoffliches« Interesse ist aus Marxens *Grundrissen* (S. 185) übernommen worden. Er bezeichnet das Interesse am Gebrauchswert. Bei Marx taucht diese Wendung nur dies eine Mal auf. Der Terminus ist problematisch, weil der genuin bürgerliche Interessebegriff eine Vermittlungskategorie ist, die dem Tauschwert unter den ökonomischen Kategorien zuzuordnen ist. Stoffliches Interesse bezeichnet das wirklich individuelle Interesse, das es in der »Vorgeschichte« als erfüllte Realität nicht gibt. Der bürgerliche Interessebegriff – was auch immer konkret in ihm gedacht sein mag – ist immer durch das Moment der Verdinglichung einer Vermittlung gekennzeichnet; und das gilt auch für das stoffliche Interesse als Motiv des Austauschs in einer einfachen Warenproduktionsgesellschaft. Diese hat es zumindest in Europa als reine historische Stufe nie gegeben, sondern sie war immer schon kapitalistisch geprägt. Die bürgerlichen Lobgesänge auf die Marktgesellschaft haben ihren Text letztlich immer in diesem Modell der klassenfreien Warentauschgesellschaft, und dementsprechend meinen die Bürger in ihrem Interessebegriff immer das »stoffliche« Interesse, weil sich besonders in ihm das Subjekt durch die Tauschvermittlungen hindurch letztlich doch als Selbstzweck realisiert – allerdings auch nur als durch objektive Bedingungen restringierter Selbstzweck.

partner zur Befriedigung seiner Bedürfnisse. Der Austausch selbst ist ein notwendiger, dem Individuum aber gleichgültiger Vermittlungsakt. Das ihm Wesentliche, die Konsumtion des Gegenstandes, liegt außerhalb der Zirkulation und ist weder durch deren Form bestimmt noch sie bestimmend. Um austauschen zu können, muß das Individuum Waren für die Zirkulation produzieren. Die Zirkulation als notwendiger Vermittlungsakt zur Erlangung begehrter Güter ist selbst nur dadurch bedingt, daß jeder nicht für sich und seine Bedürfnisse, sondern Waren für den Markt produziert. Unter den Verhältnissen entwickelter Arbeitsteilung unter Privatproduzenten und eines ausgedehnten Marktes hat das stoffliche Interesse an den Gegenständen der Bedürfnisse – das selbst außerhalb aller ökonomischen Formbestimmungen liegt – das Interesse an der Produktion von Waren für die Zirkulation zur Voraussetzung. Die Waren müssen zwar als Gebrauchswerte irgendein Bedürfnis anderer Individuen befriedigen können, für den Produzenten jedoch ist allein ihr Tauschwert wichtig, da in ihm die Macht steckt[44], mittels derer er sein stoffliches Interesse an Gebrauchsgütern befriedigen kann. Da aber der in die Konsumtion fallende Gebrauchswert der Güter keine positive ökonomische Potenz hat – als Voraussetzung für weitere und vermehrte Tauschwertproduktionen –, greift das mittelbare Interesse an Tauschwerten, die Mittel zur Erlangung der Gegenstände zur Bedürfnisbefriedigung sind, über das stoffliche Interesse hinaus und setzt sich selbst als »unmittelbares«, den Ausgangspunkt und das Resultat des Austauschprozesses bestimmendes Interesse.

Wie bei Hobbes das unmittelbare Streben nach den Gegenständen hinter dem allgemeinen Machtverlangen verschwand, tritt bei Smith das stoffliche konkrete Interesse im Tauschtrieb als ursprüngliches Motiv der Zirkulationsbewegung immer mehr hinter dem abstrakten Interesse an Tauschwerten zurück; es wird gleichsam ausgehängt und verstellt. Das Interesse an Tauschwerten als dominierende, alle Zirkula-

44 Smith, *Untersuchung*, a.a.O., Bd. I, S. 37 f.: »Reichtum ist Macht, wie Hobbes sagt. [...] Die Macht, welche jener [ererbte oder erworbene] Besitz [...] unmittelbar und direkt verschafft, ist die Macht zu kaufen, eine gewisse Gewalt über alle Arbeit und alle Arbeitsprodukte, welche derzeit verkäuflich sind.«

tionsprozesse ausschließlich bestimmende Handlungsorientierung setzt kapitalistische Warenproduktion voraus. Da für Smith der Markt das Zentrum aller ökonomischen Prozesse ist, die ökonomischen Formbestimmungen innerhalb der Zirkulationssphäre aber unabhängig davon sind, ob ihr einfache oder kapitalistische Warenproduktion vorausgesetzt ist, führt er die Existenz kapitalistischer Verhältnisse – gleichsam als selbstverständlich – bei der Analyse der Bestandteile des Warenpreises ein: Arbeitslohn, Profit und Rente sind die Einkommensgrößen der drei Klassen, auf die die Gesamtsumme aller Tauschwerte sich aufteilt.[45]

In kapitalistischen Produktionsverhältnissen wird das Kapital Subjekt und sein Verwertungsbedürfnis Zweck aller ökonomischen Prozesse. Der Tauschtrieb erhält im Kapital als prozessierendem Tauschwert seine reine Gestalt. Der zur Konsumtion bestimmte Gütervorrat ist eigentlich ein Verlust, denn er wird aufgezehrt, ohne dabei unmittelbar ein Einkommen oder einen Profit abzuwerfen. Man muß sparen und seinen Gütervorrat als Kapital arbeiten lassen, wenn man seine Lage verbessern will – nach Smith der Inhalt des natürlichen Strebens aller Menschen, das Prinzip der Selbsterhaltung.[46]

Obgleich der letzte Zweck der Produktion nach Smith darin besteht, mit dem gesamten Jahresprodukt die Einwohner eines Landes mit Konsumtionsmitteln zu versorgen[47], ist das Interesse an Konsumtion nicht Agens und bestimmendes Prinzip der Produktion. Sparsamkeit, das Anhäufen von Kapital, um durch Beschäftigung von Lohnarbeitern die Gesamtsumme der Tauschwerte als Voraussetzung der Produktion auf erweitertem Niveau zu vermehren, ist eine noch wichtigere Tugend als der Gewerbefleiß. Denn Sparsamkeit ist die zur Kapitalver-

45 Smith, *Untersuchung*, a.a.O., Bd. I, S. 59 ff. Smith berücksichtigt in seinen Analysen nie die im Produkt enthaltenen Wertbestandteile der Vorprodukte und der im Produktionsprozeß vernutzten Arbeitsmittel, da für ihn das Gesamtjahresprodukt aller Arbeit immer nur die Neuwertschöpfung einer Volkswirtschaft ist – nicht das Bruttosozialprodukt. Inwieweit bei Smith Rente, Lohn, Profit Bestandteile des Warenwertes sind, die sich auf die drei großen Einkommensklassen verteilen, oder inwieweit er glaubt, daß diese Bestandteile den Warenwert konstituieren, ist in diesem Zusammenhang gleichgültig.

46 Smith, *Untersuchung*, a.a.O., Bd. II, S. 537.

47 Smith, *Untersuchung*, a.a.O., Bd. II, S. 82.

mehrung notwendige Handlungsweise des Kapitaleigentümers, während der Gewerbefleiß die Tugend der vom Kapital beschäftigten produktiven Arbeiter ist.[48] »Sparsamkeit, und nicht Gewerbefleiß ist die unmittelbare Ursache von Kapitalvermehrungen. Gewerbefleiß schafft zwar die Sachen herbei, welche die Sparsamkeit aufhäuft, aber soviel der Fleiß auch erwürbe, das Kapital würde doch, wenn die Sparsamkeit es nicht zurücklegte und sammelte, niemals größer werden. Indem die Sparsamkeit den zum Unterhalt produktiver Arbeitskräfte bestimmten Fond vergrößert, bewirkt sie, daß die Zahl derjenigen Arbeitskräfte wächst, deren Arbeit den Wert der von ihnen bearbeiteten Sache vermehrt. Sie bewirkt also, daß der Tauschwert des jährlichen Boden- und Arbeitsproduktes eines Landes zunimmt. Sie setzt eine vermehrte Menge Gewerbefleiß in Gang, der dem jährlichen Produkte einen vermehrten Wert gibt. Was im Jahr gespart wird, wird ebenso regelmäßig verzehrt, als was im Jahre ausgegeben wird, und das fast in der nämlichen Zeit; allein es wird von einer anderen Sorte Menschen verzehrt [...] nämlich – nicht von müßigen Gästen und häuslichen Dienstboten, sondern [...] von Arbeitern, Manufakturleuten und Handwerkern, die den Wert ihres jährlichen Verzehrs samt einem Profit reproduzieren.«[49]

Wie Smith in der Zirkulationssphäre den objektiven Zwang zum Austausch subjektiv aus dem allgemeinen menschlichen Tauschtrieb erklärte, so leitet er jetzt den unter Konkurrenzbedingungen objektiv erzwungenen Prozeß ständiger Kapitalakkumulation aus dem natürlichen Verlangen, der ununterbrochenen Anstrengung der Menschen ab, ihre eigene Lage zu verbessern. Das geeignete Mittel dazu ist die Vergrößerung des eigenen Vermögens, die auf die sicherste Weise durch Erwerben, Sparen und Aufhäufen geschieht.[50] Erwer-

48 Die puritanische Sparsamkeitsforderung darf nicht als Konsumverzicht interpretiert werden, denn der wurde nur objektiv infolge der niedrigen Löhne bei den Arbeitern erzwungen. Sparsamkeit heißt: Verwendung der Profite zur Beschäftigung produktiver – Tauschwerte produzierender – Arbeiter und Verbot der Verschwendung der Profite in Form der Beschäftigung unproduktiver Arbeiter (Diener) und nicht als Kapital fungierender Gebrauchsgüter (Luxus, feudale Wohnsitze).

49 Smith, *Untersuchung*, a.a.O., Bd. II, S. 91.

50 Smith, *Untersuchung*, a.a.O., Bd. II, S. 96, 98, 102.

ben, Sparen, Aufhäufen ist aber nur der Akkumulationsprozeß als stillgelegtes Resultat. Das Kapital muß arbeiten, prozessieren, die richtige Anlage finden, um sich mit Profit zu verwerten. Der aufgrund der jeweiligen Marktverhältnisse zu erwartende Profit einer bestimmten Kapitalanlage ist das einzige Motiv, das die Richtung der Investitionen bestimmt. »Die Rücksicht auf seinen eigenen privaten Profit ist der einzige Beweggrund, der den Eigentümer eines Kapitals dazu bestimmt, es im Ackerbau, in Manufakturen oder in irgendeinem Zweig des Groß- oder Kleinhandels anzulegen. Er denkt nie daran, welche Mengen produktiver Arbeit es in Gang setzen und welche Werte es dem jährlichen Boden- und Arbeitsprodukt der Gesellschaft hinzufügen mag, je nachdem er es auf die eine oder andere dieser drei Arten anwendet.«[51]

Obwohl jeder sich nur an seinem privaten Vorteil orientiert und dem Profitinteresse entsprechend die ersprießlichste Anwendungsweise seines Kapitals sucht, soll gerade die vom eigenen Vorteil diktierte Kapitalanlage die für die Gesellschaft nützlichste sein. Die von Smith behauptete Identität des Interesses jedes einzelnen Kapitalanlegers mit dem der Gesellschaft ist eine logische Tautologie, wenn man unter dem Interesse der Gesellschaft die Summe der Einzelinteressen aller Kapitalanleger versteht, unter der Voraussetzung, daß die Einzelinteressen in ihrer einzelnen Vorteilsmaximierung sich nicht gegenseitig hemmen. Genau diese Voraussetzung will Smith mit seiner Theorie des Marktmechanismus bzw. des Preismechanismus als Informationsübermittler und Produktionsregulator beweisen. Darüber hinaus vertritt er mit seiner Theorie des Markt- und Preismechanismus die Behauptung, daß die allein profitorientierte Kapitalanlage immer auch die größte Menge produktiver Arbeit in Gang setzt und somit den maximalen Wert dem Jahresprodukt der Gesellschaft hinzufügt.

Ist der Nachweis empirisch triftig, daß jeder vermittels seines eigenen Profitinteresses die Interessen aller anderen nicht nur nicht hemmt, sondern sogar fördert, so hat das Konsequenzen für die Interpretation des allgemeinen Interesses der Gesell-

51 Smith, *Untersuchung*, a.a.O., Bd. II, S. 140.

schaft. Das Interesse der Gesellschaft ist dann nicht statisch als die Summe der Einzelvorteile – quantitativ als Tauschwerte summierbar – zu einem bestimmten Zeitpunkt zu begreifen, sondern als die sich permanent potenzierende Basis, die das Bedingungsgefüge jeweils erweiterter Vorteilsmaximierung der Einzelinteressenten ist. Das Interesse der Gesellschaft kann demnach nur als der dynamische Prozeß einer aus seinen eigenen Bedingungen heraus sich stets selbst erweiternden Basis vermehrter Tauschwertproduktion interpretiert werden. Wenn diese Interpretation richtig ist, dann wird verständlich, warum Smith gegen die kalkulierten Rechenkünste der Interessenkombination zu einem kunstvollen Gesamtmechanismus in der merkantilistischen Wirtschaftspolitik die »unsichtbare Hand« als gar nicht fixierbares Steuerungsinstrument ins Feld führt. Denn wenn jede partikulare Interessenverfolgung in ihrer quantitativen Erfolgschance von der Realisierung aller anderen partikularen Interessen abhängig ist, wie andererseits diese durch das je eine Interesse bedingt sind, ist die Möglichkeit des kunstvollen Managements aller Einzelinteressen auf ein allgemeines Maximum hin ausgeschlossen, da es nur Variablen in der Rechnung gibt. Dieses logische Argument vollständiger Indeterminiertheit kehrt sich natürlich auch gegen jede sichere Kalkulation vom nur einzelnen Interesse aus. Genau diese Logik zwingt aber dazu, Kalkulation und Datenfixierung dem »trial and error« des einzelnen Privatinteresses zu überlassen, in der berechtigten Hoffnung, daß das Zusammenspiel aller zum optimalen Ergebnis für alle führe. In der Formel von der »invisible hand« spricht Smith nur die Gewißheit dieser Hoffnung aus, die sich empirisch allein auf die Informationsleistung des Preismechanismus und die Reaktionsbereitschaft des Unternehmers verlassen kann. Die Reagibilität des Kapitalanlegers soll gerade dadurch garantiert werden, daß allein sein Interesse auf dem Spiel steht: Gewinn oder Verlust. Unterstellt man die vom Interesse erzwungene permanente Reaktionsbereitschaft und Anpassungsfähigkeit des Unternehmers und setzt man weiterhin voraus, daß das Kapital im Hinblick auf seine Fixierung in sachlichen Mitteln (Produktionsanlagen) sehr fungibel ist – also relativ leicht ohne Verlust anderen Verwendungszwecken zugeführt werden kann (was für den englischen Kapitalismus zu Smith' Zeit noch eher gegolten hat als für irgendeine spätere Zeit) –, dann liegt die Beweislast der Harmoniebehauptung im Nachweis der Funktionsfähigkeit des Preismechanismus. Dazu braucht es aber keines besonderen Beweises, denn die Funktionsfähigkeit des Preismechanismus setzt im einmal etablierten Marktsystem vollständiger Konkurrenz nur voraus, daß Orientierung an den jeweils eigenen Interessen das dominante Muster des Handelns aller ist. Denn unter dieser für Smith empirisch erfüllten Bedingung ist jedes einzelne Interesse so ohnmächtig, daß es sich nicht gegen die Rationalität der von allen Interessen bewirkten Marktgesetzlichkeit kehren kann. Daß Smith von der blinden Ohnmacht jedes Einzelinteresses gegenüber der Rationalität in der allgemeinen Struktur interesseorientierten Handelns überzeugt ist, zeigen seine Angriffe gegen jegliche Art von politischen Regulierungen. Das kalkulierende Interesse im Merkantilsystem, das sich durch gesetzliche Regelungen und Monopole sichere Daten seiner Eigenrechnung verschafft, ist für Smith allemal niedrige Habsucht, deren Vorteile immer auf dem Schaden anderer beruhen. Dieses kalkulierende Interesse ist ein quasi politischer Wille, nicht ein Reales, das schon im Wirklichkeitszusammenhang empirischer Kausalität natürlich eingegliedert ist. »Das sind die unglücklichen Wirkungen aller Maßregeln des Merkantilsystems! Sie bringen in dem Zustande des Staatskörpers nicht nur gefährliche Krankheiten hervor, sondern Krankheiten, die es oft schwer ist, zu heilen, ohne – wenigstens für eine Zeit lang – noch größere Krankheiten herbeizuführen. Auf welche Weise nun der Kolonialhandel nach und nach geöffnet, welche Beschränkungen zuerst und welche zuletzt aufgehoben oder wie das natürliche System einer vollkommenen Freiheit und Gerechtigkeit nach und nach hergestellt werden müßte, müssen wir der Weisheit künftiger Staatsmänner und Gesetzgeber überlassen.«[52]

Im Grunde gibt es nur einen Weg: schrittweise alle Beschränkungen und Regulierungen aufheben, um das Interesse frei und sicher sich entfalten zu lassen. Politisches Handeln, das sich an einer Idee des öffentlichen Wohles oder der Staatsraison orientiert, ist immer ein Akt der Gewalt.[53] Aber nicht

52 Smith, *Untersuchung*, a.a.O., Bd. II, S. 443 ff.
53 Smith, *Untersuchung*, a.a.O., Bd. II, S. 352.

nur positiv gestaltende Intentionen politischen Handelns sind ein Übel, auch für die Aufhebung der die privaten Interessen hemmenden Regulierungen fehlt dem politischen Willen die notwendige Einsicht; überall, wo er sich auf die privaten Belange der Individuen bezieht, ist er im Grunde unvernünftig. Das freie Spiel der sich selbst regulierenden Privatinteressen ist die einzige gegenständliche Wirklichkeit substantieller Vernunft.

Deshalb wendet sich Smith gegen die praktischen Intentionen der Physiokraten, die durch Reformen ein vollkommenes System der Freiheit und Gleichheit politisch herbeiführen wollen. Quesnay will dem Staatskörper eine gewisse, genau bestimmte Diät, die strenge Diät vollkommener Freiheit und vollkommener Gerechtigkeit, verschreiben. Aber: »Es scheint, daß er nicht in Erwägung zog, wie in dem Staatskörper das natürliche Bestreben, das jeder andauernd bewährt, seine Lage zu verbessern, ein Prinzip der Selbsterhaltung ist, wodurch die schlimmen Folgen einer parteiischen unterdrückenden Volkswirtschaftspolitik mannigfach abgewendet und erleichtert werden können. Eine solche Volkswirtschaftspolitik hält zwar den natürlichen Fortschritt einer Nation zu Reichtum und Wohlstand mehr oder weniger auf, aber sie ist doch nicht immer imstande, ihn gänzlich zu hemmen oder gar rückgängig zu machen. Wenn eine Nation ohne den Genuß vollkommener Freiheit und vollkommener Gerechtigkeit nicht gedeihen könnte, so gäbe es in der ganzen Welt keine Nation, die es hätte zum Wohlstand bringen können.«[54] Die Vernunft realisiert sich auf natürliche Weise durch die Triebe der Menschen in der Geschichte; sie ist substantiell und bedarf keines politischen Willens, der immer nur von außen sein Prinzip der Realität als Vernunft aufzwingen will. Smith entziffert im Privatinteresse die bür-

54 Smith, *Untersuchung*, a.a.O., Bd. II, S. 537 f., vgl. S. 354: »Das natürliche Bestreben jedes Menschen, seine Lage zu verbessern, ist, wenn es sich mit Freiheit und Sicherheit geltend machen darf, ein so mächtiges Prinzip, daß es nicht nur allein und ohne alle Hilfe die Gesellschaft zum Wohlstand und Reichtum führt, sondern auch hundert unverschämte Hindernisse überwindet, mit denen die Torheit menschlicher Gesetze es nur allzu oft zu hemmen suchte. Freilich ist die Wirkung solcher Hindernisse jederzeit mehr oder weniger die, die Freiheit dieses Prinzips zu beschränken oder seine Sicherheit zu vermindern« – ein Inversbild zu Hobbes –.

gerliche Erscheinungsform des vernünftigen Wesens des Menschen.

Da im wirtschaftlichen Interesse die Vernunft auf natürliche Weise in dieser Welt auftritt[55], macht Smith das Selbstinteresse unhistorisch zum Prinzip aller historischen Entwicklungen. Es ist Grund aller Neuerungen und Fortschritte. Nur die Unvernunft politisch inaugurierter Einrichtungen und Gesetzgebungen durchkreuzten und hemmten die natürlichen Neigungen der Menschen, die, am eigenen Interesse orientiert, schon immer die jeweils vernünftigste Einrichtung der menschlichen Gesellschaft hervorgebracht hätten. Nicht aufgrund ihrer Natürlichkeit widersprechen sich die Interessen der Menschen, sondern Einrichtungen und Gesetze leiten sie fehl, so daß die Interessen in Gegensatz zueinander geraten. Und doch ist die vernünftige Kraft in jedem Interesse derart, daß sie letztlich auch die von institutionell fehlgeleiteten Interessen produzierten Widersprüche und Beschwerlichkeiten der objektiven Verhältnisse überwindet.[56]

Smith hat an der vernünftigen Selbstregulierung der Einzelinteressen in einer Marktwirtschaft, die jährlich eine erhöhte Neuwertschöpfung bewirkt, die Einsicht in die vernünftige Fortschrittskraft eines allein am Selbstinteresse orientierten Handelns gewonnen. Er unterstellt aufgrund seiner impliziten Teleologie des Natürlichen – des Menschen mit seinen Neigungen und Trieben – das im Resultat wirkende Prinzip des Selbstinteresses auch als die Kraft des Ursprungs. Der Gedanke, daß individuelle Interessen in ihrer expansiven Kraft die sie hindernden, überlebten institutionellen Verhältnisse sprengen und zu vernünftigen Resultaten führen, scheint plausibler[57]

55 Siehe die Analysen von Jonas, *Sozialphilosophie,* a.a.O., S. 108 ff., S. 149 ff.

56 Smith, *Über die Entstehung und Entwicklung der Städte,* in: *Untersuchung,* a.a.O., Bd. II, S. 144 ff.

57 Eine analoge Struktur der Bestimmung des Verhältnisses zwischen Einzelinteressen und objektiven Verhältnissen findet sich – unter Berücksichtigung aller Differenzen – bei Hegel. Hegels Vernunft vermag sich in der Geschichte nur durchzusetzen, indem sie sich der partikularen Interessen und Leidenschaften der Menschen als Mittel bedient, um ihre Zwecke zu erreichen. Lapidar: »Es kommt daher nichts ohne Interesse zu Stande.« Obwohl Hegels Vernunft im Resultat mit den Individuen kurzen Prozeß macht, denn sie werden ihrem höheren Zweck geopfert, hält er doch im Begriff des Interesses gerade jenes Moment fest, daß die Individuen in der Ausführung der objektiven

als jener einer vernünftigen Regulation der Einzelinteressen. Interessen als die vorwärtstreibenden geschichtlichen Kräfte mögen abstrakt darin ihr Gemeinsames haben, daß es jedem dabei immer nur um seinen persönlichen Vorteil – oder, in Smith' Wendung, um die Verbesserung seiner eigenen Lage – geht. Konkret sind diesem Interesse aber durch die vorgefundene objektive Situation Zweck und Mittel der Realisierung jeweils vorgeschrieben. Selbst in der radikalen Wendung gegen das Bestehende vermag das Interesse seinen positiven neuen Inhalt nur aus der Reflexion auf die erfahrene Negativität der Institution zu bestimmen. Ein bestehender objektiver Zusammenhang gesellschaftlicher Verhältnisse bricht nicht deshalb zusammen, weil desintegrierte und desintegrierende Interessen ihre eigenen Ziele auf neuen Wegen verfolgen, sondern die Interessen sind nur das tätige Prinzip, das die Konsequenz aus dem in sich widersprüchlichen Zusammenhang der gesellschaftlichen Wirklichkeit zieht. Die profitorientierten Interessen hingegen, die sich aus ihrem eigenen Prinzip der individuellen Vorteilsmaximierung heraus selbst regulieren sollen, gewinnen ihren konkreten historischen Inhalt nicht aus einem Institutionengefüge, dessen wahrer Sinn gegen die jetzt als Zwang erfahrene Form seiner Wirklichkeit gewendet wird. Das auf die Interessen Zwang ausübende Gegenüber ist der aus ihnen als ihr eigener Vermittlungsmechanismus erzeugte Marktzusammenhang. Denn gemäß dem Marktmodell gibt es bloß eine Summe von profitgierigen Individuen, denen nur die Mengen und Preisbewegungen des Marktes als die Resultate ihrer eigensüchtigen Handlungen, von ihnen bestimmt und sie in ihrer weiteren Orientierung bestimmend, gegenübertreten. Die Institution, zu der sich die Einzelinteressen selbstregulierend vermitteln, ist der Markt mit seiner allgemeinen Gesetzlichkeit, ein geschichtsblinder Funktionszusammenhang, dessen

Zwecke der Vernunft nicht zugrunde gehen wollen und sollen. Vgl. *System der Philosophie,* Bd. III, *Philosophie des Geistes,* § 475: »Dies Moment der Einzelheit muß in der Ausführung auch der objektivesten Zwecke seine Befriedigung erhalten; ich als dieses Individuum will und soll in der Ausführung des Zwecks nicht zu Grunde gehen. Dies ist mein Interesse. Dasselbe darf mit der Selbstsucht nicht verwechselt werden; denn diese zieht ihren besonderen Inhalt dem objektiven Inhalt vor.« (§ 475, Zusatz)

dynamisches Prinzip quantitative Expansion ist. Dem entspricht die abstrakte Freiheit aller Individuen, nur ihrem Interesse folgen zu dürfen und zu müssen. Die Freiheit der Individuen bedeutet ihr Recht, die ökonomisch relevanten Handlungen vollständig, nur dem Profitinteresse gehorchend, selbst zu bestimmen. Da dies Recht für alle Individuen gilt, führt die unbeschränkte wirtschaftliche Freiheit zur Konkurrenz der Individuen untereinander als Anbieter und Nachfrager. Die permanente Konkurrenz aller mit allen macht die objektive Handlungssituation für alle so instabil, daß keiner in der Lage ist, sich gegen mögliche Interventionshandlungen anderer abzusichern. Sein Interesse am Profit zwingt jeden zu ständiger Wachsamkeit und Vorsicht, um durch unvorhersehbare Veränderungen der Marktsituation nicht allzu großen Schaden zu erleiden. Jeder muß sich bemühen, im Wettlauf um Absatz der erste und billigste zu sein. In der Freiheit und partiellen Blindheit der Individuen ruht aber gerade die eiserne abstrakte Marktgesetzlichkeit. Indem alle in nicht vorausberechenbarer Weise die Preis- und Mengenverhältnisse in Angebot und Nachfrage bestimmen, ist jedermann gezwungen, sich geschickt an die jeweilige Lage anzupassen.[58] Keiner kann die anderen in ihren Zielsetzungen bestimmen und die Daten des Marktgeschehens für sich fixieren. Gerade deshalb sind alle Individuen gezwungen, sich permanent den Marktgesetzlichkeiten anzupassen. Ihre absolute Freiheit und die Disparatheit ihrer konkreten Zielsetzungen, wobei alle nur dem einen abstrakten Prinzip der Profitmaximierung folgen, unterwerfen sie in der Konsequenz des sie bestimmenden Prinzips der sachlichen Notwendigkeit der Marktgesetze. Wie für die Individuen die Freiheit nur Mittel ihrer Privatinteressen ist und insofern alle ihre Handlungen zufällig sind, so ist ihre Freiheit als Voraussetzung der Gültigkeit der Marktgesetze zugleich Bedingung der Stabilität des Marktsystems.

58 Die Bestimmung der Preis- und Mengenverhältnisse durch Angebot und Nachfrage widerspricht nicht der Gültigkeit einer objektiven Arbeitswertlehre. Die Funktion des Preismechanismus setzt deren Gültigkeit voraus. Das Wichtige ist, daß erst in den Preisen (Tauschwerten) auf dem Markt der Wert seine Erscheinungsform gewinnt. Jeder ›Privatarbeiter‹ erkennt erst im gesellschaftlichen Prozeß des Austausches, welcher Wert ›objektiv‹ in seinen Arbeitsprodukten enthalten ist unter der Voraussetzung der idealen Funktionsweise des Preismechanismus.

Wohlverstandenes Selbstinteresse heißt nichts anderes als permanente Anpassung an die Marktgesetzlichkeit.
Die Konsequenz dieses extremen Individualismus liegt ähnlich wie bei Hobbes darin, daß der sich aus ihm ergebende Regulationsmechanismus die Individuen unter das Regiment einer abstrakten Gesetzlichkeit zwingt, die auf sie keine Rücksicht nimmt, sondern nur ihre Zufälligkeit und Ersetzbarkeit als Konstituens der abstrakten Notwendigkeit voraussetzt. Marx zeigte, indem er den Begriff des Kapitals analysierte, daß die Konkurrenz nicht eine Voraussetzung der Marktgesetze ist, sondern der Exekutor der immanenten Gesetze der kapitalistischen Produktion. Die Konkurrenz als die »angebliche absolute Form der freien Individualität«[59] ist in Wirklichkeit nur die Erscheinungsweise der inneren Natur des Kapitals. »Nicht die Individuen sind frei gesetzt in der freien Konkurrenz; sondern das Kapital ist frei gesetzt.«[60]
Smith' individuelles Interesse der freien Privateigentümer wäre demnach nur das subjektive Pendant der allgemeinen Marktgesetze, in denen das Kapital die handlungsleitenden Orientierungsmarken seines Verwertungsprozesses setzt. Als handlungsorientierende subjektive Reflexionsform der Marktgesetzlichkeit ist das Interesse der Privaten in Inhalt, Form und Mittel seiner Verwirklichung durch objektive, den Privatinteressen vorgegebene gesellschaftliche Bedingungen bestimmt.[61]
Die das Smithsche System der vollkommenen Freiheit zur Einheit zusammenzwingende Sachnotwendigkeit des kapitalistischen Verwertungsprozesses ist aber nicht nur eine gleichsam neutrale Naturgesetzlichkeit. Dieses System ist schon deshalb nicht das wahre Eden menschlicher Individualität, weil es selbst ein System der Herrschaft ist. Über diese Herrschaft kann Smith gedankenlos hinweggehen, weil es sich um Herrschaft handelt, die nicht in traditionellen politischen Kategorien zu begreifen ist. Er nennt die Herrschaftsbasis des Gesellschaftssystems, dessen subjektives »Konstituens« in der freien Entfaltung der Privatinteressen liegt, unbekümmert beim Namen: »Reichtum ist Macht, wie Hobbes sagt. Wer

59 Marx, *Grundrisse,* a.a.O., S. 545.
60 Marx, *Grundrisse,* a.a.O., S. 544.
61 Vgl. Marx, *Grundrisse*, a.a.O., S. 74.

jedoch ein großes Vermögen erwirbt oder ererbt, erwirbt oder ererbt damit nicht notwendig politische Macht, weder im Zivil- noch im Militärwesen. Sein Vermögen wird ihm vielleicht die Mittel bieten, beide zu erwerben, aber der bloße Besitz dieses Vermögens führt sie ihm nicht notwendigerweise zu. Die Macht, welche jener Besitz ihm unmittelbar und direkt beschafft, ist, die Macht zu kaufen, eine gewisse Gewalt über alle Arbeit oder alle Arbeitsprodukte, welche derzeit käuflich sind.«[62]

Für Smith ist die in den kapitalistischen Produktionsverhältnissen auf Dauer gestellte Herrschaft des Kapitals über die Lohnarbeit nur ein zeitlich befristetes Vertragsverhältnis zwischen unabhängigen Privatpersonen, denen es im Vertragsschluß nur um ihre eigenen Interessen geht. Alle zentralen Kategorien der Smithschen Ökonomie sind vom Marktverkehr abgezogen; er ist das eigentliche Thema und Zentrum der Smithschen Untersuchungen; er ist die Institution, die die nur am eigenen Interesse orientierten Handlungen der Einzelnen zu einem produktiv expandierenden Handlungsgefüge zusammenschließt. Da er die Interessen der Einzelnen bedient, können kurzschlüssig, aber plausibel diese zugleich zur Ursache der Marktvorgänge umgedeutet werden. Wegen seiner »segensreichen Wirkung« werden der Funktionsweise des Marktes die von ihm bedienten Interessen als Motive und Ursache aller Marktvorgänge unterstellt. Aber nur scheinbar lassen sich aus ihnen die Marktvorgänge erhellen; vielmehr wäre es notwendig, Genese und Funktionsweise einer Gesellschaft privater Warenproduzenten zu erklären, um einsichtig machen zu können, wie es einer solchen Gesellschaft gelingt, allein am eigenen Interesse orientierte Handlungen zu einem Handlungsgefüge zu integrieren. Indem Marx in seiner *Kritik der politischen Ökonomie* die Genese, die Funktionsweise und die Entwicklungsgesetzlichkeit der kapitalistischen Gesellschaftsformation darzustellen unternahm, kritisierte er – überwiegend implizit – die Versuche des bürgerlichen Denkens, die Genesis oder Funktionsweise eines gesellschaftlichen Systems aus den Interessen der Handelnden abzuleiten.

62 Smith, *Untersuchung*, a.a.O., Bd. I, S. 37 f.

IV. Marx

Hobbes rekonstruierte in seiner politischen Theorie, wie aus den konfligierenden Handlungen allein an ihren Interessen orientierter Individuen die Genesis eines lebensfähigen Gesellschaftssystems gedacht werden kann. Um ein derartiges Handlungssystem auf Dauer stabil zu erhalten, war jedoch eine politische Instanz notwendig, die durch äußerlich imponierte Gesetze den auch weiterhin unsozialisierten Leidenschaften und Interessen permanent die Grenzen ihrer Handlungen vorschrieb.

In der schottischen Moralphilosophie wird zum ersten Mal die Funktionsweise eines Handlungszusammenhangs dargelegt, in dem die durch Leidenschaften und Interessen motivierten Handlungen der Individuen sich selbst regulieren. Obgleich alle Individuen ihre Handlungen primär an ihren Interessen orientieren, sind diese Interessen indirekt reguliert durch die als Gewissen verinnerlichten Verhaltenserwartungen der Interaktionspartner. Im Urteil der Bezugsgruppen, in der Meinung des Publikums, findet jeder die Maßstäbe zur moralischen Beurteilung der Angemessenheit seines interessegeleiteten Handelns. Doch die Kontrolle bleibt indirekt, weil niemand ein bestimmtes Verhalten erzwingen kann. Die Integrationsleistung durch Hobbes' politische Zwangsgewalt ist ersetzt durch die normative Selbstregulation der Handlungen, die gleichwohl weiterhin an die Interessen der Individuen anknüpfen. Nicht vorweg durch das erzwingbare Einhalten der allen bekannten Gesetze werden die divergierenden Interessen der Individuen so weit eingeschränkt, daß sich ein stabiles Handlungssystem ergibt, sondern immer erst ex post zeigt sich die Leistungsfähigkeit normativer Selbstregulation der Handlungen darin, daß sich – wie von einer unsichtbaren Hand geleitet – ein integrierter Handlungszusammenhang gebildet hat.

Die Institutionen, die die produktive Leistung der Selbstregulierung interesseorientierten Handelns tragen und deshalb in ihrer Wirkung eine objektive Zweckmäßigkeit zeigen, entstehen in den staatsfreien Räumen des Privatverkehrs der

Individuen. Unter ihnen nimmt der Markt für Smith eine besondere Stellung ein. Die zur Institution des Marktes zusammengeschlossenen Tauschvorgänge gewinnen allmählich eine systemartige Eigenständigkeit. An die Stelle der Befriedigung verschiedener Bedürfnisse in einzelnen Tauschhandlungen zwischen Individuen tritt ein im Marktverkehr erst erzeugtes gleichartiges Interesse aller: das Streben, seine eigene Lage zu verbessern, und die reziproke Verhaltensregulierung im konkreten Tauschhandel verschwinden hinter dem dinglichen Regelmechanismus der Preise.[1] Die Besonderheit des Marktes als einer Institution »normfreier«, selbstregulativer Vergesellschaftung der Individuen besteht darin, daß er die produktive Weiterentwicklung der Gesellschaft forciert. Denn jede Ausweitung des Marktverkehrs führt zu fortschreitender Arbeitsteilung; die dadurch erhöhte Produktivität der Arbeit vergrößert den Volkswohlstand.

Smith stellt in der Analyse der Marktökonomie einerseits den Lebensprozeß der Wirtschaftsgesellschaft so dar, wie er sich in der Konkurrenz der nur ihren Interessen folgenden Individuen diesen selbst wie dem Beobachter zeigt. Die handlungsmotivierenden Interessen gelten ihm dabei zugleich als Ursache der ökonomischen Erscheinungen. Andererseits versucht er, in den »inneren Zusammenhang der ökonomischen Kategorien oder den verborgenen Bau des bürgerlichen ökonomischen Systems«[2] einzudringen. Aber auch in diesem Kontext gelten ihm die Interessen der Individuen als Grund der Gesetzmäßigkeiten der ökonomischen Erscheinungen.

1 Der Preismechanismus hat im ökonomischen Verkehr eine analoge Regelungsfunktion wie die internalisierten Normen im gesellschaftlichen Verkehr der Individuen. Die Analogie der Regelungsfunktion von Normen und Preisen kann – trotz aller substantiellen Differenz – formal sehr weit getrieben werden. Die hier entscheidende Differenz liegt darin – und das analysierte zuerst Marx –, daß das gesellschaftliche Verhältnis der Individuen in ihren produktiven Tätigkeiten im Marktverkehr als ein Verhältnis von Sachen erscheint, und zwar vermittelt durch die in den Preisen erscheinenden Wertrelationen der Waren. Eine derartige Verkehrung gesellschaftlicher Verhältnisse in ein Verhältnis von Sachen tritt – trotz allem chosisme – nie im normgeregelten Verhalten zwischen Interaktionspartnern auf.

2 Marx, *Theorien über den Mehrwert,* Bd. II, S. 156.

1. Die Gesellschaftlichkeit der Privatinteressen im Warenaustausch

Marx' Analyse der Anatomie der bürgerlichen Gesellschaft entwickelt sich aus der Kritik der ökonomischen Kategorien und ihres Zusammenhangs, wie sie in der esoterischen Gestalt der Smithschen Politischen Ökonomie und ihrer Weiterentwicklung durch Ricardo dargestellt sind. Am Leitfaden der von Ricardo abstrahierten, auf das Wesen des bürgerlichen Produktionssystems zielenden Kategorien gelangt Marx durch die Weiterentwicklung der bei falschen Fixierungen stehenbleibenden kategorialen Abstraktionen Ricardos zu einem Zusammenhang der grundlegenden Kategorien, der ihm erlaubt, aus dem grundlegenden Produktionsverhältnis der kapitalistischen Warenproduktion sowohl die Vorgänge und Erscheinungen des ökonomischen Systems zu erklären als auch die in dieser Gesellschaftsformation strukturell angelegten Handlungsweisen und Interessenorientierungen der agierenden Individuen abzuleiten. Mit der in der Analyse der Ware als »ökonomischer Zellform« der bürgerlichen Gesellschaft entdeckten Wertform der Ware (bzw. Warenform des Arbeitsproduktes) und dem Nachweis, daß der der Ware eigentümliche Doppelcharakter von Gebrauchswert und Tauschwert gleicherweise für die in ihr dargestellte Arbeit charakteristisch ist, verfügt Marx über eine alle Waren (Arbeitsprodukte wie Arbeitskraft) vereinheitlichende gesellschaftliche Formbestimmtheit, die im Austauschprozeß der Waren als Bewegungsform des in ihnen enthaltenen Widerspruchs von Gebrauchswert und Wert hervorgetrieben wird.

Der in der Wertform aller Waren gefundene Einheitspunkt für ein kritisches Verständnis der in der politischen Ökonomie dargestellten Grundstruktur der bürgerlichen Gesellschaft ermöglicht es Marx, die Erklärung der innerhalb der kapitalistischen Produktionsweise sich entwickelnden funktionalen und kausalen Zusammenhänge und »Widersprüche« der ökonomischen Erscheinungen mit der Ableitung der gesellschaftlichen Formbestimmung der Interessenorientierungen und Handlungsweisen der Individuen und Klassen, die unter die-

sen Produktionsverhältnissen produzieren und ihre Lebensbedingungen reproduzieren, zu verknüpfen.
Das mit der Entwicklung der Wertform realisierbar gewordene Programm einer gesellschaftlichen (Produktionsverhältnisse und ökonomische Zusammenhänge zugleich erfassenden) Analyse und kritischen Darstellung der politischen Ökonomie formulierte Marx schon in den *Pariser Manuskripten* in expliziter Wendung gegen die »ungesellschaftliche« und ahistorische Interpretationsweise der bürgerlichen Nationalökonomie, die zur genetischen und funktionalen Erklärung der ökonomischen Vorgänge unmittelbar auf die Interessen der Individuen zurückgreift und damit unvermittelt Handlungsbegriffe einführt. »Die Nationalökonomie geht vom Faktum des Privateigentums aus. Sie erklärt uns dasselbe nicht. Sie faßt den *materiellen* Prozeß des Privateigentums, den es in der Entwicklung durchmacht, in allgemeine, abstrakte Formeln, die ihr dann als *Gesetze* gelten. Sie *begreift* diese Gesetze nicht, das heißt, sie weist nicht nach, wie sie aus dem Wesen des Privateigentums hervorgehen. Die Nationalökonomie gibt uns keinen Aufschluß über den Grund der Teilung von Arbeit und Kapital, von Kapital und Erde. Wenn sie zum Beispiel das Verhältnis des Arbeitslohns zum Profit des Kapitals bestimmt, so gilt ihr als letzter Grund das Interesse des Kapitalisten; das heißt, sie unterstellt, was sie entwickeln soll. Ebenso kommt überall die Konkurrenz hinein. Sie wird aus äußeren Umständen erklärt. Inwiefern diese äußeren, scheinbar zufälligen Umstände nur der Ausdruck einer notwendigen Entwicklung sind, darüber lehrt uns die Nationalökonomie nichts. Wir haben gesehen, wie ihr der Austausch selbst als ein zufälliges Faktum erscheint. Die einzigen Räder, die die Nationalökonomie in Bewegung setzt, sind die Habsucht und der Krieg unter den Habsüchtigen, die Konkurrenz.«[3]
Im Faktum der Arbeitsteilung und im Zwang zum Austausch der Produkte wie im Geld als Vermittler der Austauschprozesse benannte die klassische Ökonomie zwar jene den Individuen vorgeordneten gesellschaftlichen Verhältnisse, die sie in eine allseitige, wechselseitige Abhängigkeit voneinander versetzte, aber dennoch erklärte sie diese Verhältnisse aus den »ungesell-

3 Marx, *Philosophisch-ökonomische Manuskripte,* in: *Werke,* ed. Lieber, Bd. I, S. 559.

schaftlichen Sonderinteressen«[4] der Individuen. Daß die Gleichgültigkeit der Individuen gegeneinander nur die besondere Erscheinungsform ihrer wechselseitigen und allseitigen Abhängigkeit in einer auf Warenproduktion beruhenden Gesellschaft ist, begriff die klassische Ökonomie nicht, sondern drückte es nur in ihrer Weise durch die These vom harmonischen Zusammenspiel der Privatinteressen aus. »Jeder verfolgt sein Privatinteresse und nur sein Privatinteresse; und dient dadurch, ohne es zu wollen und zu wissen, den Privatinteressen aller, den allgemeinen Interessen. Der Witz besteht nicht darin, daß, indem jeder sein Privatinteresse verfolgt, die Gesamtheit der Privatinteressen, also das allgemeine Interesse erreicht wird. Vielmehr könnte aus dieser abstrakten Phrase gefolgert werden, daß jeder wechselseitig die Geltendmachung des Interesses der anderen hemmt, und statt einer allgemeinen Affirmation, vielmehr eine allgemeine Negation aus diesem bellum omnium contra omnes resultiert. Die Pointe liegt vielmehr darin, daß das Privatinteresse selbst schon ein gesellschaftlich bestimmtes Interesse ist und nur innerhalb der von der Gesellschaft gesetzten Bedingungen und mit den von ihr gegebenen Mitteln erreicht werden kann; also an die Reproduktion dieser Bedingungen und Mittel gebunden ist. Es ist das Interesse der Privaten; aber dessen Inhalt, wie Form und Mittel der Verwirklichung durch von allen unabhängige gesellschaftliche Bedingungen gegeben.«[5]

Das Privatinteresse ist ein gesellschaftlich bestimmtes Interesse zunächst negativ als Resultat der Freisetzung der Individuen durch die Auflösung aller persönlichen Abhängigkeitsverhältnisse, die die Produktionsweise vorbürgerlicher Gesellschaftsformationen kennzeichneten. Dieser Auflösungsprozeß selbst ist das Ergebnis und die negative Seite der Entwicklung der Warenproduktion. Ihr Merkmal besteht darin, daß der gesellschaftliche Charakter der Tätigkeit der Individuen in der gesellschaftlichen Formbestimmtheit des Arbeitsprodukts als Ware erscheint. Der Gebrauchswert einer Ware bringt die Besonderheit des Individuums zum Ausdruck, während in

4 Marx, *Philosophisch-ökonomische Manuskripte*, in: *Werke*, ed. Lieber, Bd. I, S. 630.

5 Marx, *Grundrisse*, S. 74.

ihrem Tauschwert, »einem Allgemeinen, worin alle Individualität, Eigenheit negiert und ausgelöscht ist«[6], der gesellschaftliche Charakter der Tätigkeit der Privatproduzenten sachliche Gestalt annimmt. Der gesellschaftliche Zusammenhang der gegeneinander gleichgültigen Privatproduzenten erscheint so erst in dem durch den Tauschwert vermittelten Austauschakt der Produkte. Weil jeder in der Form des Tauschwerts ein allgemeines Produkt produzieren muß, um über den Austausch sein allgemeines Produkt in ein besonderes Produkt für sich und sein Bedürfnis zu verwandeln, kann sich das jeweils besondere Privatinteresse nur verwirklichen, indem es in Inhalt, Form und Mittel seiner Verwirklichung den von jedem Einzelnen unabhängigen gesellschaftlichen Bedingungen der Tauschwertproduktion entspricht. Dem Inhalt nach muß das Produkt ein Gebrauchswert sein, nach dem auf dem Markt ein gesellschaftliches Bedürfnis besteht; der Form nach muß dieses »Produkt für andere« seinen gesellschaftlichen Charakter durch das von seiner Gebrauchsgegenständlichkeit unterschiedene Wertsein im Tauschwert zum Ausdruck bringen, und das Mittel der Realisierung des Tauschwerts, um den jeweiligen Gebrauchswert in den des jeweils besonderen Privatinteresses zu verwandeln, muß der Äquivalententausch zwischen unabhängigen Rechtspersönlichkeiten sein.

Die rein gesellschaftliche Bestimmtheit der Ware als Wert hat ihr Spezifikum darin, daß sie von jedem konkreten Bedürfnis abstrahiert und doch in abstracto das Vorhandensein eines gesellschaftlichen Bedürfnisses überhaupt voraussetzt, denn ohne irgendeinen Gebrauchswert hat die Ware auch keinen Wert. Da zwischen dem Wert und dem konkreten Gebrauchswert einer Ware keine Beziehung besteht, sondern das Wertsein einer Ware lediglich die abstrakte Bezogenheit auf ein gesellschaftliches Bedürfnis überhaupt voraussetzt, kann die Warenproduktion dem Privatinteresse überlassen werden, denn es vermag den allgemeinen Zusammenhang zwischen Ware und potentiellem Bedürfnis je nach seinem Interesse am besten inhaltlich zu erfüllen und kann dabei zugleich ein ganz anderes Ziel, die Akkumulation von Tauschwerten, verfolgen. Diese durch die Warenproduktion vorangetriebene Entkop-

6 Marx, *Grundrisse*, S. 75.

pelung von Produktion und Bedürfnisbefriedigung ermöglicht erst eine relativ selbständige Entfaltung der Produktionsstruktur einerseits und der Bedürfnisstrukturen andererseits, wobei die vom Interesse der Kapitalverwertung gesteuerte Entwicklung der Produktionsstruktur potentiell mit der Entfaltung der Bedürfnisstrukturen ökonomisch (Absatz) und gesellschaftlich (mangelnde Befriedigung bestimmter Bedürfnisse) in Widerspruch geraten kann.

Die Notwendigkeit, daß die Produkte der Tätigkeiten isolierter Privatproduzenten die gesellschaftliche Form des Tauschwerts erhalten müssen, beweist Marx zufolge zweierlei: »1. daß die Individuen nur noch für die Gesellschaft und in der Gesellschaft produzieren; 2. daß ihre Produktion nicht *unmittelbar* gesellschaftlich ist, nicht the offspring of association, die die Arbeit unter sich verteilt.«[7]

Den besonderen gesellschaftlichen Charakter der Warenproduktion, daß die Privatproduzenten nicht unmittelbar gesellschaftlich produzieren, spricht die klassische Ökonomie in dem Faktum aus, daß die Individuen sich in ihren Tätigkeiten und Handlungen nur an ihren privaten Interessen orientieren. Da sie aber in der Unmittelbarkeit dieser Erscheinung verhaftet bleibt, übersieht sie, daß die Produkte der Privatproduzenten nur austauschbar sind, weil sie im Austausch eine von ihrer Naturalform unterschiedene Wertform erhalten, die im Tauschwert erscheint und im Geld selbständige Existenz erhält. Zwar analysierte die klassische Ökonomie, wenn auch unvollkommen, Wert und Wertgröße des Arbeitsprodukts und entdeckte den in diesen Formen versteckten Inhalt, daß nämlich der Wert quantitativ bestimmt ist durch die zur Produktion einer Ware notwendige Arbeitszeit. Doch ist es nach Marx einer ihrer Grundmängel, »daß es ihr nicht gelang, aus der Analyse der Ware und spezieller des Warenwerts die Form des Werts, die ihn eben zum Tauschwert macht, herauszufinden.«[8] Der Grund für ihre Nichtbeachtung der Wertform liegt nach Marx aber nicht allein in dem Umstand, daß sie ihre Aufmerksamkeit auf die Analyse der Wertgröße konzentrierte, sondern vorab darin, daß »die Wertform des Arbeitsprodukts die abstrakteste, aber auch allgemeinste

7 Marx, *Grundrisse*, S. 76.
8 Marx, *Kapital*, Bd. I, S. 95 Anm.

Form der bürgerlichen Produktionsweise [ist], die hierdurch als eine besondere Art gesellschaftlicher Produktion und damit zugleich historisch charakterisiert wird.«[9]
Der Tauschwert einer Ware erscheint der klassischen Ökonomie als eine ebenso natürliche Eigenschaft wie ihr Gebrauchswert. Da sie den spezifischen gesellschaftlichen Charakter der Wertform nicht analysierte, unterschied sie auch »nirgendwo ausdrücklich und mit klarem Bewußtsein die Arbeit, wie sie sich im Wert, von derselben Arbeit, soweit sie sich im Gebrauchswert ihres Produkts darstellt.«[10] Diese beiden Mängel machten die klassische Ökonomie unfähig, die Nichtäquivalenz im Austausch zwischen Kapital und Lohnarbeit mit der Werttheorie in Einklang zu bringen und damit den Widerspruchscharakter der kapitalistischen Warenproduktion zu begreifen. Denn der Angelpunkt zur Analyse der kapitalistischen Warenproduktion ist das Erkennen des spezifischen Gehalts der Wertform aller Waren und unter ihnen in Besonderheit des ökonomischen und gesellschaftlichen Gehalts der Lohnform der Arbeitskraft.
Die Genesis der Wertform der Ware (und schließlich deren verselbständigte Existenz im Geld) ergibt sich aus der Notwendigkeit des Warenaustauschs. Die Ware als widersprüchliche Einheit von Gebrauchswert und Wert muß ihr Wertsein sachlich ausdrücken (denn das ist die einzige Sprache der Waren), um überhaupt gegen andere Waren austauschbar zu sein. Im Austauschverhältnis zweier Waren, die sachlich zunächst nur die Gestalt ihrer verschiedenen Naturalform besitzen, kann die eine Ware ihr Wertsein nur ausdrücken, indem sie die Naturalform der anderen Ware zur Erscheinungsform ihrer Wertgestalt macht. Indem eine Ware in einer anderen ihren Wert ausdrückt, setzt sie diese Ware zugleich als ihr Äquivalent, d. h. als unmittelbar austauschbar mit sich. Um den Austausch vollziehen zu können, muß also jeweils eine Ware die fixe Rolle des Äquivalents der anderen Ware spielen. Die Ware, die später im Verlauf der Austauschprozesse als allgemeines Äquivalent gesellschaftliche Gültigkeit erlangt, ist als Geldware die gültige Existenzweise der Wertform aller Waren. Im konkreten Austauschprozeß wird die

9 Marx, *Kapital*, Bd. I, S. 95 Anm.
10 Marx, *Kapital*, Bd. I, S. 95 Anm.

Wertform von der Geldware als Tauschwert auf die ihren Wert ausdrückenden Waren zurückgespiegelt.
Vermittels der Wertform der Ware erscheint das scheinbar ungesellschaftliche Verhältnis der Privatproduzenten in ihren Tätigkeiten als gesellschaftliches Austauschverhältnis ihrer Produkte. Die gesellschaftliche Qualität der Austauschbarkeit einer Ware erscheint in ihrer Gültigkeit als Äquivalent für jede andere Ware, wie ihre quantitative Austauschrelation in der Größe ihres Tauschwerts erscheint. Weil derart der gesellschaftliche Charakter der Produktion in der Warenform des Arbeitsproduktes sachlich erscheint und der gesellschaftliche Zusammenhang der Tätigkeiten der Privatproduzenten in den quantitativen Austauschrelationen der Waren Gestalt annimmt, ist die in den Marktvorgängen erscheinende sachliche Abhängigkeit der Privatproduzenten voneinander der Grund für ihre persönliche Unabhängigkeit und Gleichgültigkeit gegeneinander. Abhängig sind sie allein von ihren Waren und dem, was mit ihnen auf dem Markt geschieht. Da die Wertform der Ware bzw. ihr Tauschwert eine von der jeweiligen Ware unabhängige, selbständige Existenz im Geld erhält, bezeichnet Marx das Geld – diese scheinbar äußerliche Sache – als das »reale Gemeinwesen, insofern es die allgemeine Substanz des Bestehens für alle ist, und zugleich das gesellschaftliche Produkt aller«.[11]
Welcher Tauschwert den Waren zukommt und in welchem Maße sie dementsprechend am Gesamtprodukt dieser Gesellschaft Anteil haben, zeigt sich immer erst ex post, nach vollzogenem Austausch. Denn erst im Austausch – dem gesellschaftlichen Verkehr der Waren – stellt sich heraus, ob die vom einzelnen Privatproduzenten aufgewandte Arbeit gesellschaftlich notwendig war und ihre quantitative Verausgabung dem Stand der Produktivkräfte entsprach. Die von den Privatinteressen gesteuerte Verteilung des der Gesellschaft zur Verfügung stehenden Arbeitskräftereservoirs auf die verschiedenen Produktionszweige erhält daher allein ex post im realisierten Tauschwert der Produkte die Bestätigung ihrer gesellschaftlichen Notwendigkeit und Gültigkeit.
Als Tauschwerte gelten alle Waren als qualitativ gleich, als lediglich austauschbar gegeneinander; auch in die Größe des

11 Marx, *Grundrisse*, S. 137.

Tauschwerts geht nichts von dem besonderen Gebrauchswert der Ware als Bestimmungsgrund ein. Entsprechend kann die Substanz des Werts nur in der Abstraktion von aller Besonderheit der konkreten Arbeiten bestehen. Als Verkörperungen abstrakt-allgemeiner menschlicher Arbeit sind alle Waren qualitativ gleich und nur nach den in ihnen enthaltenen Arbeitsmengen quantitativ verschieden. Die Konstituentien des spezifischen gesellschaftlichen Charakters der Warenproduktion erweisen sich allesamt als ein Allgemeines, Abstraktes, ohne jede Besonderheit und Individualität. Die jeweiligen Privattätigkeiten und Privatinteressen in ihrer Besonderheit haben daher keine konstitutive Bedeutung für den gesellschaftlichen Charakter der Warenproduktion und bilden nur in ihrer Beliebigkeit eine allgemeine Voraussetzung der gesellschaftlichen Austauschvorgänge, so wie auch der Gebrauchswert nur allgemeine Voraussetzung für den Tauschwert der Ware ist. Solange im Kontext der Analyse der ökonomischen Formbestimmtheiten Gebrauchswert und Tauschwert in keinem konstitutiven Verhältnis zueinander stehen, spielen auch auf der entsprechenden Ebene des gesellschaftlichen Verkehrs der Individuen die besonderen Privatinteressen keine konstitutive Rolle für den spezifischen gesellschaftlichen Charakter des Handlungssystems. Konstitutiv für die gesellschaftliche Formbestimmtheit der Warenproduktion auf seiten der handelnden Individuen ist also allein das, was ihnen in ihrer Besonderheit gemeinsam ist, nämlich 1. daß alle Privatproduzenten sind, die ihre Produktionspläne nur an ihren Interessen orientieren, und 2. daß jeder nicht für sich, sondern für den Markt produziert und dementsprechend alle nach der Gebrauchswertseite hin verschiedene Waren auf den Markt bringen.

Weil der Tauschwert des Arbeitsprodukts die spezifische Form ist, »worin sich diese proportionelle Verteilung der gesellschaftlichen Arbeit [auf die verschiedenen Produktionszweige/H. N.] durchsetzt in einem Gesellschaftszustand, worin der Zusammenhang der gesellschaftlichen Arbeit sich als Privataustausch der individuellen Arbeitsprodukte geltend macht«,[12] ist jeder Produzent im eigenen Interesse gezwungen, Waren mit einem realisierbaren Tauschwert zu produzie-

12 Marx, Brief an Kugelmann vom 11. 7. 1868, in: *MEW*, Bd. 32, S. 553.

ren. Der für das Wertverhältnis gleichgültige Charakter der jeweiligen Besonderheit der Produkte erklärt, warum die einander entgegengesetzten Privatinteressen einander nicht hemmen, sondern fördern. Denn das einzelne Privatinteresse ist durch den Zwang, im Tauschwert ein allgemeines (prinzipiell austauschbares) Produkt zu produzieren, dazu angehalten, seinem Produkt die besondere Gebrauchswertqualität zu geben, die abstrakt dem Interesse anderer Tauschpartner entspricht. Der wahre Inhalt aller Privatinteressen ist daher die Allgemeinheit, daß alle Produkte einen Tauschwert haben, der sich auf dem Markt realisiert. Verkürzt gesprochen ist der Inhalt eines jeden Privatinteresses das Geld: der realisierte Tauschwert. Derart produzieren alle voneinander unabhängigen Privatproduzenten ein Produkt, das sich im Austausch als gesellschaftlich erweisen muß; aber sie produzieren nicht bewußt gemeinschaftlich, und deshalb ist es unerläßlich, daß der gesellschaftliche Charakter ihrer Produktion in entfremdeter Form sachlich im Tauschwert der Produkte erscheint.

2. Der Widerspruch zwischen Lohnarbeit und Kapital

Entfaltete Warenproduktion existiert historisch und logisch nur als kapitalistische Warenproduktion. Das Produkt muß Warenform haben, und die Ware muß Produkt des Kapitals sein. Kapital ist aber der Prozeß des sich selbst verwertenden Werts, und demgemäß ist die Produktion von Mehrwert direkter Zweck und bestimmendes Motiv der kapitalistischen Produktionsweise.[13] Während in der einfachen Warenzirkulation das Geld nur als Vermittler des Austauschprozesses der Waren fungiert und insofern der Wert einer Ware in der Geldform immer nur negativ, in ständigem Bezug auf die auszutauschende Ware eine vorübergehende selbständige Existenz hat, erhält im Selbstverwertungsprozeß des Kapitals der Wert sowohl in der Warenform als auch in der Geldform seine Selbständigkeit und unterscheidet sich nur von sich selbst, indem er beständig über seine jeweilige quantitative Schranke hinausstrebt.

Als sich selbstverwertender Wert befindet sich das Kapital in

13 Vgl. Marx, *Kapital*, Bd. III, S. 887.

seiner Existenz als Geld in der Form, in der es potentiell jede Ware ist und alle Gebrauchswerte repräsentiert, weil es keinen Gebrauchswert als mögliche Form seines Daseins ausschließt. In der Geldform ist das Kapital der Repräsentant aller Waren in ihrer Eigenschaft als vergegenständlichte Arbeitsquanten. Es hat nur noch einen Gegensatz, einen Unterschied von sich, den es nicht selbst sein kann: die lebendige Arbeit. Denn sie existiert nur als das Vermögen der Wertproduktion, ist aber selbst kein Wert, sondern nur der Gebrauchswert, der den Wert schafft. Die Arbeitskraft als das Vermögen der lebendigen Arbeit ist der Gebrauchswert, gegen den das Kapital sich austauschen muß, um sich als Wert zu erhalten und zu vermehren. Austauschen können sich nur Waren, und deshalb ist es eine notwendige Voraussetzung der kapitalistischen Warenproduktion, daß die Arbeitskraft – das Vermögen der lebendigen Arbeit – als Ware existiert. Die entscheidende historische Voraussetzung der Entstehung der kapitalistischen Produktionsweise ist also der gewaltsame Trennungsprozeß der Arbeit von den Bedingungen ihrer Verwirklichung. In diesem Scheidungsprozeß erhalten die Produktionsbedingungen die gesellschaftliche Form des Kapitals und die Arbeitskraft der jetzt im doppelten Sinne freien Arbeiter (nämlich entblößt von allen Mitteln der Produktion und zugleich freie Rechtspersönlichkeiten als Warenverkäufer) den allen Produkten eigentümlichen Warencharakter. Die kapitalistische Produktionsweise ist darin von allen Produktionsweisen unterschieden, daß der Eigentümer der Produktionsmittel (Kapital) sich die Arbeitskraft als Ware im Austausch vom unmittelbaren Produzenten aneignen muß, um den Produktionsprozeß in Gang zu setzen.[14]

Der Austausch zwischen Kapital und Lohnarbeit muß wie jeder Austausch von Waren den Gesetzen des Austauschs in einer Gesellschaft von Warenproduzenten entsprechen, d. h. der Forderung der Äquivalenz der Tauschwerte der ausgetauschten Waren genügen. Das Kapital entlohnt die Arbeitskraft gemäß dem Wertgesetz mit der Summe von Tauschwerten, die ein Äquivalent für die Reproduktionskosten der im Arbeitsprozeß verausgabten Arbeitskraft darstellen. Der den Regeln des Äquivalententauschs entsprechende Austausch

14 Vgl. Marx, *Kapital*, Bd. II, S. 37.

von Lohnarbeit und Kapital unterscheidet sich von allen anderen Austauschprozessen zwischen Waren allerdings durch seinen besonderen ökonomischen Inhalt, obgleich die gesellschaftlichen Formbestimmtheiten des Warenaustausches unverändert bleiben.

In der einfachen Zirkulation vermittelt der Tauschwert den Austausch der Gebrauchswerte, wobei jedoch der Tauschwert niemals in einem wirklichen Verhältnis zum Gebrauchswert steht. Denn die jeweilige Besonderheit des Gebrauchswerts ist in bezug auf die Formbestimmungen des Austausches gleichgültig. Ebensowenig steht der Gebrauchswert in irgendeinem Verhältnis zum Tauschwert, sondern er realisiert seinen Tauschwert nur, um an den Ort seines Konsums zu gelangen.[15] Beim Austausch von Kapital gegen Lohnarbeit hingegen ist die wechselseitige Gleichgültigkeit von Formbeziehung des Austausches und Substanz des Ausgetauschten aufgehoben und beides in eine wirkliche Beziehung gesetzt, die den ökonomischen Inhalt und Zweck dieses Austauschprozesses ausmacht. Das Kapital als Tauschwert tritt hier der Arbeitskraft als dem Gebrauchswert gegenüber, der seine eigene Substanz bildet. In dieser Beziehung ist der Tauschwert nicht mehr nur verschwindende Vermittlung des Austausches, sondern als der »Wert, der an sich selbst als Wert festhält«[16], Inhalt und Zweck des Austausches. Tauschwert und Gebrauchswert vermitteln sich also im Austausch zwischen Kapital und Lohnarbeit in der Weise, daß der Gebrauchswert durch den Tauschwert seine besondere ökonomische Bestimmtheit bekommt, wie der Tauschwert durch diesen so bestimmten Gebrauchswert sich mit sich selbst vermittelt, d. h. sich als Wert erhält und vermehrt.

Nur wo die Verwendung des Gebrauchswerts zur Wertproduktion den ökonomischen Sinn und Zweck des Austauschs bildet und deshalb der Gebrauchswert in diesem besonderen ökonomischen Verhältnis zum Tauschwert steht, liegt überhaupt ein Austausch zwischen Kapital und Lohnarbeit vor. Und allein die durch dieses ökonomische Verhältnis im Austausch bestimmte lebendige Arbeit wird in ihrer Verwendung produktive Arbeit. Der bloße Austausch von vergegenständ-

15 Vgl. Marx, *Grundrisse*, S. 180.
16 Marx, *Grundrisse*, S. 181.

lichter Arbeit (Tauschwerten) gegen das lebendige Arbeitsvermögen konstituiert noch nicht den spezifischen ökonomischen Sinn des Austausches von Kapital und Lohnarbeit, denn um den einfachen Austausch von vergegenständlichter Arbeit gegen lebendige Arbeit handelt es sich auch beim Austausch zwischen Revenue und Lohnarbeit. Die Form des Austauschprozesses bleibt sich gleich, unabhängig von der jeweiligen Art der Gebrauchswerte; allein die Verwendung des Gebrauchswerts für die Wertproduktion konstituiert das besondere Verhältnis von Lohnarbeit und Kapital.[17]

Das besondere ökonomische Verhältnis von Tauschwert und Gebrauchswert im Austausch zwischen Lohnarbeit und Kapital konstituiert den Grundwiderspruch des kapitalistischen Produktionsverhältnisses, auf dem der Gegensatz der beiden Klassen und ihrer Interessen beruht. Weder die Institution der Lohnarbeit für sich genommen noch ein philosophisch konstruierbarer Widerspruch im Austausch von vergegenständlichter gegen lebendige Arbeit erzeugen den Widerspruch im kapitalistischen Produktionsverhältnis, sondern allein die Setzung des Gebrauchswerts durch den Tauschwert als Gebrauchswert für seine Selbstverwertung. Andererseits entwickelt sich dieses besondere ökonomische Verhältnis von Gebrauchswert und Tauschwert erst mit der Ausbreitung der Institution der freien Lohnarbeit, die durch den gewaltsamen Trennungsprozeß des lebendigen Arbeitsvermögens von den gegenständlichen Bedingungen seiner Realisierung historisch erzwungen wurde. Vergegenständlichte Arbeit und lebendige

17 Im Entwicklungsprozeß der kapitalistischen Produktionsweise nehmen fortschreitend alle unselbständigen Tätigkeiten die Form der Lohnarbeit an. Die juristische Form der Lohnarbeit konstituiert aber noch nicht das kapitalistische Produktionsverhältnis. Dieses liegt nur vor, wenn sich Lohnarbeit gegen variables Kapital und nicht gegen Revenue austauscht. Innerhalb dieser Gruppe ist nochmals zu unterscheiden zwischen produktiven Arbeitern, die im unmittelbaren Produktionsprozeß Mehrwert für die Selbstverwertung des Kapitals produzieren, und unproduktiven Arbeitern, die im Zirkulationsprozeß als notwendigem Moment der Reproduktion des Kapitals tätig sind, ohne real Mehrwert zu produzieren. Produktive wie unproduktive Arbeiter werden allerdings gleicherweise durch das sie beschäftigende Einzelkapital ausgebeutet: erstere, um Mehrwert zu produzieren, letztere, um die »faux frais« der Mehrwertrealisation zu minimisieren. Aus ihrer verschiedenen Funktion im Verwertungsprozeß des Kapitals und den Unterschieden im gesellschaftlichen und ökonomischen Status ergeben sich Differenzen in der Mystifikation ihrer Klassenstellung.

Arbeit können also erst dann im Verhältnis des Widerspruchs zueinander stehen, wenn aufgrund der genannten institutionellen und faktischen Voraussetzungen die vergegenständlichte Arbeit in der Formbestimmung des Kapitals, d. h. als an sich haltender und sich vermehrender Tauschwert, gegen die lebendige Arbeit als produktive Lohnarbeit zum Zweck der Mehrwertproduktion sich austauscht. Nur in dieser Beziehung ist Kapital die Nicht-Arbeit und Arbeit das Nicht-Kapital.

Das spezifische ökonomische Verhältnis von Tauschwert und Gebrauchswert im Austausch von Lohnarbeit und Kapital gibt Marx das Recht, den das kapitalistische Produktionsverhältnis charakterisierenden Widerspruch zwischen Lohnarbeit und Kapital in der Hegelschen Formel der sich auf sich beziehenden Negativität zu fassen, um darin die Arbeit als die lebendige Substanz und den Grund des kapitalistischen Produktionsprozesses und das Kapital als das in der Erscheinung den Prozeß regelnde Subjekt zum Ausdruck zu bringen. »Die Arbeit als das Nicht-Kapital als solches gesetzt, ist:

1. Nicht-vergegenständlichte Arbeit, negativ gefaßt (selbst noch gegenständlich, das Nichtgegenständliche selbst in objektiver Form). Als solche ist sie Nicht-Rohstoff, Nicht-Arbeitsinstrument, Nicht-Rohprodukt: die von allen Arbeitsmitteln und Arbeitsgegenständen, von ihrer ganzen Objektivität getrennte Arbeit. Die lebendige als Abstraktion von diesen Momenten ihrer realen Wirklichkeit existierende Arbeit (ebenso Nicht-Wert): diese völlige Entblößung, aller Objektivität bare, rein subjektive Existenz der Arbeit. Die Arbeit als die absolute Armut: die Armut, nicht als Mangel, sondern als völliges Ausschließen des gegenständlichen Reichtums. Oder auch als der existierende Nicht-Wert und daher rein gegenständliche Gebrauchswert, ohne Vermittlung existierend, kann diese Gegenständlichkeit nur eine nicht von der Person getrennte: nur eine mit ihrer unmittelbaren Leiblichkeit zusammenfallende sein. Indem die Gegenständlichkeit rein unmittelbar ist, ist sie ebenso unmittelbar Nicht-Gegenständlichkeit. In anderen Worten: keine außer dem unmittelbaren Dasein des Individuums selbst fallende Gegenständlichkeit.

2. Nicht-vergegenständlichte Arbeit, Nicht-Wert, positiv gefaßt, oder sich auf sich beziehende Negativität, sie ist die nicht-vergegenständlichte, also ungegenständliche, i. e. sub-

jektive Existenz der Arbeit. Die Arbeit nicht als Gegenstand, sondern als Tätigkeit; nicht als selbst Wert, sondern als die lebendige Quelle des Werts. Der allgemeine Reichtum, gegenüber dem Kapital, worin er gegenständlich, als Wirklichkeit existiert, als allgemeine Möglichkeit desselben, die sich in der Aktion als solche bewährt. Es widerspricht sich also in keiner Weise, oder vielmehr der in jeder Weise sich widersprechende Satz, daß die Arbeit einerseits die absolute Armut als Gegenstand, andererseits die allgemeine Möglichkeit des Reichtums als Subjekt und als Tätigkeit ist, bedingen sich wechselseitig und folgen aus dem Wesen der Arbeit, wie sie als Gegensatz, als gegensätzliches Dasein des Kapitals vom Kapital vorausgesetzt ist, und andererseits ihrerseits das Kapital voraussetzt.«[18]

Das gegensätzliche Dasein von Arbeit und Kapital als Voraussetzung des Austausches zwischen Lohnarbeit und Kapital ist zunächst als solches gesetzt worden, ohne den historischen Prozeß der Genesis dieser Entgegensetzung zu entwickeln. Der Prozeß der ursprünglichen Akkumulation, in dem vornehmlich außerökonomische Gewalt die im Resultat eigentumslose Arbeitskraft von den Produktionsmitteln trennt, kann jedoch für die Erklärung der Struktur und Funktionsweise der kapitalistischen Warenproduktion außer Betracht bleiben. Denn entscheidend ist allein, daß das einmal gesetzte Produktionsverhältnis zwischen Lohnarbeit und Kapital in der Produktion der Waren als Element des Kapitals zugleich reproduziert wird. »Endlich als Resultat des Produktions- und Verwertungsprozesses erscheint vor allem die Reproduktion und Neuproduktion des Verhältnisses von Kapital und Arbeit selbst, von Kapitalist und Arbeiter. Dies soziale Verhältnis, Produktionsverhältnis, erscheint in fact als ein noch wichtigeres Resultat des Prozesses als seine materiellen Resultate. Und zwar produziert innerhalb dieses Prozesses der Arbeiter sich selbst als Arbeitsvermögen und das ihm gegenüberstehende Kapital, wie andererseits der Kapitalist sich produziert als Kapital und das ihm gegenüberstehende lebendige Arbeitsvermögen. Jedes reproduziert sich selbst, indem es sein Andres, seine Negation, reproduziert. Der Kapitalist produziert die Arbeit als fremde, die Arbeit produziert das Produkt

18 Marx, *Grundrisse*, S. 203.

als fremdes. Der Kapitalist produziert den Arbeiter und der Arbeiter den Kapitalisten etc.«[19]

Die Logik dieser stets erneuerten wechselseitigen Konstitution von Kapital und Lohnarbeit im Prozeß der kapitalistischen Produktion und Reproduktion auf stets erweitertem Niveau besagt, daß das kapitalistische Produktionsverhältnis so lange als identisches fortbesteht, wie Lohnarbeiter gezwungen sind, ihre Arbeitskraft an das Kapital zu verkaufen, um ihr Leben zu erhalten, wie hoch auch immer die historisch-gesellschaftlich bestimmten Reproduktionskosten ihrer Arbeitskraft sein mögen. Dieses Produktionsverhältnis besteht zunächst ganz unabhängig von den Vorstellungen der Individuen über ihre objektive Funktion im kapitalistischen Produktionsprozeß. Denn sobald ihnen die ökonomische Charaktermaske des Kapitalisten oder Arbeiters zukommt, müssen sie die aus dem Verhältnis von Kapital und Arbeit sich ergebenden Funktionen erfüllen, andernfalls würden sie aufhören, Kapitalisten bzw. Arbeiter zu sein. »Die Funktionen, die der Kapitalist ausübt, sind nur die mit Bewußtsein und Willen ausgeübten Funktionen des Kapitals – des sich verwertenden Werts durch Einsaugung der lebendigen Arbeit – selbst. Der Kapitalist funktioniert nur als personifiziertes Kapital, das Kapital als Person, wie der Arbeiter nur als die personifizierte Arbeit, die ihm als Qual, als Anstrengung, die aber dem Kapitalisten als Reichtum schaffende und vermehrende Substanz gehört, wie sie als solche in der Tat als dem Kapital im Produktionsprozeß einverleibtes Element, sein lebendiger, variabler Faktor erscheint. Die Herrschaft des Kapitalisten über den Arbeiter ist daher die Herrschaft der Sache über den Menschen, der toten Arbeit über die lebendige, des Produkts über den Produzenten, da ja in der Tat die Waren, die zu Herrschaftsmitteln (aber bloß als Mittel der Herrschaft des Kapitals selbst) über die Arbeiter werden, bloße Resultate des Produktionsprozesses, die Produkte desselben sind.«[20]

Die Verwertung des Kapitals, und das bedeutet im strengen Sinne die Selbstverwertung des Werts, weil die Funktionen des Arbeitsvermögens im Produktionsprozeß Eigentum des

19 Marx, *Grundrisse*, S. 362.
20 Marx, *Resultate des unmittelbaren Produktionsprozesses*, S. 17 f.

Kapitals sind, bildet die gesellschaftliche Objektivität[21] der kapitalistischen Gesellschaftsformation schlechthin. In der Verfügungsgewalt des Werts über seinen einzigen Gebrauchswert, die lebendige Arbeit, und in der daraus folgenden Dominanz des Verwertungsprinzips über alle Gebrauchswertzusammenhänge im Produktionsprozeß gründet der Herrschaftszusammenhang der kapitalistischen Produktionsweise. Denn primär über den Zwang der ökonomischen Funktionszusammenhänge realisiert sich die Herrschaft der Klasse der Kapitalisten über die Arbeiterklasse. Deshalb kann auch nicht aus dem Herrschaftsverhältnis der Gegensatz der Klassen und ihrer Interessen abgeleitet werden, vielmehr erlaubt erst die Bestimmung des Widerspruchs zwischen Wert und Gebrauchswert im Kapitalverhältnis, diesen Widerspruch auch als objektiven Interessengegensatz zwischen den beiden durch das kapitalistische Produktionsverhältnis konstituierten Klassen zu reformulieren.

Mit der Reformulierung des ökonomischen Grundwiderspruchs zwischen Wert und Gebrauchswert im kapitalistischen Produktionsverhältnis als objektivem Interessengegensatz im Herrschaftsverhältnis der Bourgeoisie über das Proletariat ist jedoch nicht im Sinne einer erschlichenen Scheinobjektivität unterstellt, daß in den Interaktionszusammenhängen zwischen Kapitalisten und Arbeitern durchweg der objektive Interessengegensatz als bewußte Handlungsorientierung die Subjekte bestimmt. Vielmehr besagt die These vom objektiven Interessengegensatz zwischen Lohnarbeit und Kapital, daß der Grundwiderspruch zwischen Tauschwert und Gebrauchswert der identische Kern der verschiedenen Widerspruchsmomente im kapitalistischen Produktionsprozeß ist, der sich als ökonomischer Krisenzusammenhang in der Weise entfaltet, daß das Proletariat nicht umhin kann, das kapitalistische Produktionsverhältnis auch als ein Verhältnis der Klassenherrschaft des Kapitals über die Arbeit zu erkennen, um das ihm als objektiv unterstellte Interesse an der Aufhebung der kapitalistischen Produktionsweise zum bewußten Motiv seines Handelns zu machen. Gerade weil mit dem objektiven Interessengegensatz zwischen Kapital und Arbeit keine Aussage über die unmittelbaren Handlungsorientierungen in fak-

21 Vgl. Backhaus, *Zur Dialektik der Wertform*, S. 146

tischen Interaktionszusammenhängen zwischen Kapitalisten und Arbeiterklasse gemacht wird, ist die Analyse der objektiven Widersprüche auf den verschiedenen Ebenen des kapitalistischen Produktionsprozesses sowie der Erfahrungsweisen und Verarbeitungsformen dieser Widersprüche auf seiten der Arbeiter Voraussetzung einer Klärung der objektiven und subjektiven Vermittlungszusammenhänge, durch die hindurch der objektive Interessengegensatz erst bewußt und handlungsbestimmend wird.

Der Vorrang der Analyse des objektiven Konstitutionszusammenhangs der kapitalistischen Produktionsweise und der sich in ihr entfaltenden Widersprüche gegenüber einer Analyse der gesellschaftlichen Beziehungen und Verhältnisse, die vom – wie auch immer gesellschaftlich bestimmten – Handeln von Individuen oder Gruppen ausgeht, ergibt sich zwangsläufig aus der im Kapitalverhältnis verankerten Dominanz der abstrakten Wertgegenständlichkeit über das Handeln und Bewußtsein der Subjekte. Erst im Bezugssystem der Kapitalverwertung können der objektive Gehalt und die gesellschaftliche Bedeutung des Handelns der Individuen bestimmt werden, die als Personifikationen ökonomischer Kategorien fungieren und deren Bewußtsein von ihrer Funktion durchaus nicht dem entsprechen muß, was sie objektiv tun. Obgleich die Differenz zwischen Selbstinterpretation und objektivem Gehalt der Handlungen nicht ohne Rekurs auf die objektiven Widersprüche der kapitalistischen Produktionsweise erfaßt werden kann, muß zu diesem Zweck auch der subjektive Konstitutionsprozeß[22] der gesellschaftlichen Realität vermittels der Bewußtsein und Verhalten bestimmenden Mechanismen, durch die die Individuen die objektive, in sich widersprüchliche Wirklichkeit erfahren und sich aneignen, in den Erklärungsversuch einbezogen werden, wenn systematisch die Bedingungen angegeben werden sollen, unter denen aus den objektiven Widersprüchen das Handeln bewußt bestimmende Interessengegensätze werden.

Wegen der Inkongruenz zwischen der Analyse der objektiven Widersprüche und der von Erfahrungsweisen der Individuen muß sich der theoretische Ansatz zur Erklärung der objekti-

22 Hack, *Projektvorschlag »Klassenlage und Interessenorientierung«*, S. 43 ff.

ven Widersprüche und Interessengegensätze in der kapitalistischen Produktionsweise, der die Produktions- und Austauschprozesse als Gesamtprozeß der Kapitalverwertung und darin als Herrschaftsverhältnis der Kapitalistenklasse über die Arbeiterklasse faßt, in der Weise legitimieren, daß dieser den unmittelbaren Erscheinungsformen und Handlungszusammenhängen der kapitalistischen Warenproduktion total fremde Maßstab der Analyse[23] die Wahrheit seiner Begriffe und Kategorien sowohl in den ökonomischen Funktionszusammenhängen als auch in den Erfahrungs- und Handlungszusammenhängen der beiden Klassen ausweist.
Analysiert man den Austausch zwischen Lohnarbeit und Kapital nach den Gesetzen der Warenproduktion (Äquivalententausch) und von den Erscheinungsformen der gesellschaftlichen Beziehungen in der Zirkulationssphäre her, »so ist es unzulässig, Beziehungen zwischen ganzen Gesellschaftsklassen darin zu suchen«.[24] Arbeiter und Kapitalist stehen sich unabhängig voneinander gegenüber und schließen einen Vertrag, in dem der Arbeiter seine Arbeitskraft für eine bestimmte Zeit verkauft und nach den Gesetzen der Warenproduktion die Reproduktionskosten seiner Arbeitskraft für die vereinbarte Zeit als Gegenleistung erhält. Die Beziehungen zwischen Käufer und Verkäufer enden mit der Erfüllung des Vertrags, der als solcher keinen Zusammenhang mit anderen gleichzeitig abgeschlossenen Arbeitsverträgen des Kapitalisten mit anderen Arbeitern noch mit irgendwelchen früheren Arbeitsverträgen bildet. Da nach dem bürgerlichen Vertragsrecht der Verwendungszweck des rechtmäßig – nämlich durch Vertrag – erworbenen Eigentums allein Sache des neuen Eigentümers ist, kann der Arbeiter aus dem späteren Gebrauch der verkauften Ware keinerlei Ansprüche gegen den neuen Besitzer anmelden. Insofern man also die ökonomischen und gesellschaftlichen Formbestimmungen des Warenaustausches für sich betrachtet, vollziehen sich in der Zirkulationssphäre ausschließlich Sozialbeziehungen, in denen sich Freiheit, Gleichheit, Eigentum und ein Zusammenspiel der Privatinteressen aller Individuen verwirklichen. »Die Sphäre der Zirkulation oder des Warenaustausches, innerhalb deren

23 Marx, *Kapital*, Bd. I, S. 612.
24 Marx, *Kapital*, Bd. I, S. 613.

Schranken Kauf und Verkauf der Arbeitskraft sich bewegt, war in der Tat ein wahres Eden der angeborenen Menschenrechte. Was allein hier herrscht, ist Freiheit, Gleichheit, Eigentum und Bentham. Freiheit! Denn Käufer und Verkäufer einer Ware, z. B. der Arbeitskraft, sind nur durch ihren freien Willen bestimmt. Sie kontrahieren als freie, rechtlich ebenbürtige Personen. Der Kontrakt ist das Endresultat, worin sich ihre Willen einen gemeinsamen Rechtsausdruck geben. Gleichheit! Denn sie beziehen sich nur als Warenbesitzer aufeinander und tauschen Äquivalent für Äquivalent. Eigentum! Denn jeder verfügt nur über das Seine. Bentham! Denn jedem von den beiden ist es nur um sich zu tun. Die einzige Macht, die sie zusammen und in ein Verhältnis bringt, ist die ihres Eigennutzes, ihres Sondervorteils, ihres Privatinteresses. Und eben weil so jeder nur für sich und keiner für den anderen kehrt, vollbringen alle, infolge einer prästabilierten Harmonie der Dinge, oder unter den Auspizien einer allpfiffigen Vorsehung, nur das Werk ihres wechselseitigen Vorteils, des Gemeinnutzes, des Gesamtinteresses.«[25] Als Schein erweisen sich die Freiheit, Gleichheit, Interessenharmonie und insbesondere das Eigentumsrecht der Zirkulationssphäre erst dann, wenn die kapitalistische Produktionsweise und die ihr einbeschlossenen Zirkulationsvorgänge als ununterbrochene Reihenfolge von Einzelprozessen, in denen sich das Kapital verwertet, analysiert wird. Denn unter dieser historischen und gesamtgesellschaftlichen Perspektive ist das jeweils sich gegen lebendige Arbeitskraft austauschende Kapital Resultat von kostenlos angeeigneter Surplusarbeit früherer Produktionsperioden. Das besondere ökonomische Verhältnis von Gebrauchswert und Tauschwert im Austausch zwischen Lohnarbeit und Kapital führt somit zu der Konsequenz, daß über die vereinzelten Austauschakte zwischen Kapitalisten und Arbeitern nach den Gesetzen des Äquivalententausches das seit Locke als bürgerliche Legitimationsparole dienende Eigentumsrecht an den Produkten der eigenen Arbeit in das Gesetz der kapitalistischen Aneignung fremder, unbezahlter Arbeit im Scheinaustausch umschlägt. »Der Austausch von Äquivalenten, der als die ursprüngliche Operation erschien, hat sich so gedreht, daß nur zum Schein ausgetauscht wird,

25 Marx, *Kapital*, Bd. I, S. 189 f.

indem erstens der gegen Arbeitskraft ausgetauschte Kapitalteil selbst nur ein Teil des ohne Äquivalent angeeigneten fremden Arbeitsproduktes ist, und zweitens von seinem Produzenten, dem Arbeiter, nicht nur ersetzt, sondern mit neuem Surplus ersetzt werden muß. Das Verhältnis des Austausches zwischen Kapitalist und Arbeiter wird also nur ein dem Zirkulationsprozeß angehöriger Schein, bloße Form, die dem Inhalt selbst fremd ist und ihn nur mystifiziert.«[26]

In der *Form* des Austausches zwischen Lohnarbeitern und Kapitalisten nach dem Prinzip des Äquivalententausches ist den Arbeitern ebenso wie allen anderen Individuen in der kapitalistischen Warenproduktion die Handlungsorientierung an den eigenen, von allen anderen unabhängigen Privatinteressen gesellschaftlich vorgeschrieben. Den Schein seiner Unabhängigkeit und die Illusion erfolgreicher individueller Interessenorientierung mag sich der Arbeiter für eine gewisse Zeit sogar durch häufigen Wechsel des individuellen Lohnherrn und die juristische Fiktion des freien Vertragsschlusses aufrechterhalten.[27] Andererseits ist in dem Inhalt dieser Form, nämlich dem Verhältnis von Tauschwert und Gebrauchswert der Arbeitskraft, das grundlegende kapitalistische Produktionsverhältnis als gesellschaftliches Gewaltverhältnis der Klasse der Kapitalisten über die Arbeiterklasse verankert, und insofern gehört die Arbeiterklasse schon dem Kapital, bevor der einzelne Arbeiter seinen Arbeitskontrakt mit dem Kapitalisten abschließt und dadurch in ein besonderes vertraglich befristetes Herrschaftsverhältnis im Produktionsprozeß eintritt.

Dieser Inhalt des Austauschverhältnisses wird durch seine besondere Form mystifiziert. Denn der Kapitalist bezahlt den Wert der Arbeitskraft, um für eine bestimmte Zeit über ihren Gebrauchswert, die lebendige Arbeit, zu verfügen. Die Form des Arbeitslohns verschleiert jedoch gerade die Differenz zwischen dem Wert der Arbeitskraft des Arbeiters und ihrer davon zu unterscheidenden Funktion, nämlich der nützlichen Arbeit selbst. »Die Form des Arbeitslohns [gleichgültig, ob Stunden- oder Stücklohn/H. N.] löscht also jede Spur der Teilung des Arbeitstages in notwendige Arbeit [gleich Repro-

26 Marx, *Kapital*, Bd. I, S. 609.
27 Vgl. Marx, *Kapital*, Bd. I, S. 599.

duktionskosten der Arbeitskraft/H. N.] und Mehrarbeit, in bezahlte und unbezahlte Arbeit aus. Alle Arbeit erscheint als bezahlte Arbeit. [...] Man begreift daher die entscheidende Wichtigkeit der Verwandlung von Wert und Preis der Arbeitskraft in die Form des Arbeitslohns oder in Wert und Preis der Arbeit selbst. Auf dieser Erscheinungsform, die das wirkliche Verhältnis unsichtbar macht und gerade sein Gegenteil zeigt, beruhn alle Rechtsvorstellungen des Arbeiters wie des Kapitalisten, alle Mystifikationen der kapitalistischen Produktionsweise, alle ihre Freiheitsillusionen, alle apologetischen Flausen der Vulgärökonomie.«[28]

Die falsche Vorstellung nicht nur der Vulgärökonomie, sondern gerade auch des Alltagsbewußtseins, daß in der Form des Arbeitslohns der Wert der Arbeit und nicht der Wert der Arbeitskraft bezahlt wird, befestigt sich, wie Marx anführt, durch zwei Arten alltäglicher Erfahrungen; zum einen: die Abhängigkeit des Arbeitslohns von der Länge des Arbeitstages (Überstunden, Kurzarbeit), zum anderen: die individuellen Lohnunterschiede zwischen verschiedenen Arbeitern, die die gleiche oder ähnliche Funktionen verrichten (Leistungszuschläge, Akkordlöhne).[29]

Der Widerspruch zwischen dem Tauschwert der Arbeitskraft und dem Gebrauchswert ihrer Funktion, im Arbeitsprozeß der Kapitalverwertung zu dienen, wird im Austausch zwischen Kapitalisten und Arbeitern durch die dem Inhalt nach irrationelle Form des Arbeitslohns verdeckt und in sein Gegenteil verkehrt, indem jetzt anscheinend im Arbeitslohn der Gebrauchswert der konkreten Arbeit vom Kapital bezahlt wird. Der Gebrauchswert der Funktion der Arbeitskraft liegt aber für das Kapital nicht in der konkreten Arbeit als solcher, sondern diese ist nur ein Vehikel der Verwertung des Kapitals durch die Vergegenständlichung unbezahlter abstrakt-allgemeiner Arbeit. Die Differenz zwischen dem Wert der Arbeitskraft und dem Wert der im Arbeitsprozeß hergestellten Produkte als Index der Nichtäquivalenz im Äquivalententausch ist aber für die Arbeiter keine unmittelbar erfahrbare Wirklichkeit im Austauschprozeß zwischen Kapital und Arbeit. Trotzdem dürfte die von der Bourgeoisie apologetisch propa-

28 Marx, *Kapital*, Bd. I, S. 562.
29 Vgl. Marx, *Kapital*, Bd. I, S. 564.

gierte Gerechtigkeit im Äquivalententausch, die die kapitalistische Produktionsweise legitimieren soll, wohl zu keiner Zeit die Arbeiterklasse überzeugt haben. Denn nicht der Glaube der Arbeiterklasse an die Ideologien der Bourgeoisie, sondern »der stumme Zwang der ökonomischen Verhältnisse besiegelt die Herrschaft des Kapitalisten über den Arbeiter«.[30]

Da der Widerspruch zwischen Gebrauchswert und Tauschwert im Austausch zwischen Lohnarbeit und Kapital aufgrund der Mystifikation dieser Kerninstitution des kapitalistischen Produktionsverhältnisses durch die Form des Arbeitslohns nicht unmittelbar in die Erfahrung der Arbeiter eingehen kann, andererseits aber die Erkenntnis des in der Wertform der Arbeitskraft verdeckten Klassenverhältnisses Voraussetzung für die Wahrnehmung des objektiven Interessengegensatzes zwischen Lohnarbeit und Kapital ist, können die Anstöße zu dieser Erkenntnis nur aus den erst zur Einheit des bewußtgewordenen Grundwiderspruchs zu synthetisierenden Erfahrungen der verschiedenen anderen Widerspruchsmomente der kapitalistischen Produktionsweise herrühren.

Die in der Zirkulation gegeneinander gleichgültigen, formell freien Arbeiter werden nach vollzogenem Tauschakt vom neuen Eigentümer ihrer Arbeitskraft als Vereinzelte, so wie sie aus der Zirkulation heraustreten, in ein Gefüge von Arbeitszusammenhängen eingegliedert. Zwar sind jedem Arbeiter durch den vorgegebenen Produktionsorganismus nur bestimmte Detailfunktionen vorgeschrieben, die den Inhalt seiner Arbeit ausmachen, doch bildet der Zusammenhang aller Einzelarbeiten objektiv einen gesellschaftlichen Arbeitsprozeß, dessen spezifische Produktivkraft gesellschaftlicher Natur ist, weil sie aus der Kombination der Einzelarbeiten zu einem kooperativ vollzogenen Gesamtarbeitsprozeß entspringt.

Die aus dem kooperativen Charakter des Arbeitsprozesses entspringende Produktivkraft vergesellschafteter Arbeit erscheint aber den Arbeitern, und erst recht den Kapitalisten, als eine natürliche Eigenschaft und Wirkung des Kapitals. Denn einerseits gehört die Arbeitskraft im Produktionsprozeß nicht mehr den Arbeitern, sondern dem Kapital, das ihnen überhaupt erst ermöglicht, als Arbeitende in ein gesellschaftli-

30 Marx, *Kapital*, Bd. I, S. 765.

ches Verhältnis zueinander zu treten, und andererseits, als Folge dieses Herrschaftsverhältnisses, bestimmen nicht die Arbeiter über die Art ihres Zusammenwirkens, sondern dieses ist ihnen in dem unter Kapitalverwertungsgesichtspunkten organisierten Produktionsprozeß durch die Planung der Arbeitsverteilung und des Produktionsablaufs vom Kapital vorgezeichnet. »Als unabhängige Personen sind die Arbeiter Vereinzelte, die in ein Verhältnis zu demselben Kapital, aber nicht zueinander treten. Ihre Kooperation beginnt erst im Arbeitsprozeß, aber im Arbeitsprozeß haben sie bereits aufgehört, sich selbst zu gehören. Mit dem Eintritt in denselben sind sie dem Kapital einverleibt. Als Kooperierende, als Glieder eines werktätigen Organismus, sind sie selbst nur eine besondere Existenzweise des Kapitals. Die Produktivkraft, die der Arbeiter als gesellschaftlicher Arbeiter entwickelt, ist daher Produktivkraft des Kapitals. Die gesellschaftliche Produktivkraft der Arbeit entwickelt sich unentgeltlich, sobald die Arbeiter unter bestimmte Bedingungen gestellt sind, und das Kapital stellt sie unter diese Bedingungen. Weil die gesellschaftliche Produktivkraft der Arbeit dem Kapital nichts kostet, weil sie andererseits nicht von dem Arbeiter entwickelt wird, bevor seine Arbeit selbst dem Kapital gehört, erscheint sie als Produktivkraft, die das Kapital von Natur besitzt, als seine immanente Produktivkraft.«[31]

So wie die in der Kooperation der Arbeiter entwickelte Produktivkraft direkt vergesellschafteter Arbeit als die des Kapitals erscheint, weil es die einzelnen Arbeiter zu einem »werktätigen Organismus« kombiniert, stellt sich die durch Anwendung der Maschinerie und permanente technologische Verbesserung der Produktionsprozesse gesteigerte Produktivkraft der Arbeit als immanente Produktivkraft des Kapitals dar. Die Mystifikation des Kapitalverhältnisses dergestalt, daß die kapitalistische Form des Produktionsprozesses unmittelbar mit den materiellen Bedingungen von Arbeitsprozessen überhaupt (Arbeitsmittel, Arbeitsgegenstände) verwachsen scheint, wird zwar durch die kapitalistische Produktionsweise auf großindustrieller Basis auf die Spitze getrieben, doch liegen in den von den Arbeitern erfahrbaren Wirkungen der vom Kapital bestimmten Anwendung der Maschinerie und

31 Marx, Kapital, Bd. I, S. 352 f.

Entwicklung der Kooperationsformen auf die Arbeitssituation und die gesellschaftlich-ökonomische Lage der Arbeiter wichtige Anstöße zur Erkenntnis des objektiven Interessengegensatzes und zur Verteidigung der eigenen Interessen gegen das Kapital.

Die ständige Revolutionierung der technologischen Basis der Produktionsprozesse sowie die damit einhergehende Änderung der Kooperationsformen zur Steigerung der Produktivität der Arbeit dienen dem Kapital allein als Mittel, um den Mehrwert für seine Selbstverwertung zu erhöhen, ohne Rücksicht auf die Folgen für die psychische, ökonomische und gesellschaftliche Situation der Arbeiterschaft.

Die Arbeitssituation und Qualifikationsanforderungen an die Arbeitskraft werden selbstverständlich in erheblichem Ausmaß durch die technische Struktur der Produktionsmittel und -verfahren bestimmt. Gleichwohl determiniert die Technik die Arbeitssituation nur in recht allgemeiner Weise und läßt für die konkrete Gestaltung der Arbeitsprozesse sehr verschiedene Lösungen zu. Für die unter dem Verwertungsprinzip organisierten Arbeitsprozesse der großen Industrie ist es charakteristisch, daß die Arbeitsanforderungen an den einzelnen Arbeitsplätzen in der überwiegenden Zahl die Ausübung bestimmter, stark einseitiger Funktionen erfordern. In vielen Produktionsbereichen ist die einseitige, kurzfristig angelernte Tätigkeit quantitativ vorherrschend, die jeder Durchschnittsarbeiter erfüllen kann und die ihm als konkrete Tätigkeit ebenso äußerlich und gleichgültig ist wie jede andere. Mit dem in der kapitalistischen Anwendung der Maschinerie vorangetriebenen Abstraktionsprozeß, dem die konkreten Arbeitsverrichtungen unterliegen, wird die schon im Lohnarbeitsverhältnis objektiv angelegte instrumentelle Einstellung zur konkreten Arbeit als relativ gleichgültigem Mittel, um den Lebensunterhalt zu verdienen, erst voll realisierbar und zugleich auch vom Inhalt der Tätigkeit her motiviert. Indem aber mit der Entwicklung der kapitalistischen Produktionsweise abstrakte Arbeit sowohl in der Einstellung der Arbeiter gegenüber ihrer konkreten Tätigkeit als einer ihnen gleichgültigen wie auch durch den Abstraktionsprozeß am Inhalt der Tätigkeiten als eine real existierende Abstraktion sich zeigt, wird auch die Kategorie der abstrakten Arbeit als Substanz des Werts, die zunächst in der Analyse der Warenform nur vorausgesetzt war, praktisch wahr. Da nun der reale Abstraktionsprozeß der Arbeit seinen Grund in der fortschreitenden reellen Subsumtion der Arbeit unter das Kapital hat, entwikkelt sich erst mit ihr das kapitalistische Produktionsverhältnis zu seiner reinen Gestalt als Herrschaft der abstrakten vergegenständlichten Arbeit über die lebendige Arbeit. »Dies ökonomische Verhältnis – der Charakter, den Kapitalist und Arbeiter als die Extreme eines Produktionsverhältnisses tragen – wird daher desto reiner und adäquater entwickelt, je mehr die Arbeit allen Kunstcharakter verliert; ihre besondere Fertigkeit immer mehr etwas Abstraktes, Gleichgültiges wird, und sie mehr und mehr rein abstrakte Tätigkeit, rein mechanische, daher gleichgültige, gegen ihre besondere Form indifferente Tätigkeit wird; bloß formelle Tätigkeit oder, was dasselbe ist, bloß stoffliche Tätigkeit überhaupt, gleichgültig gegen die Form. Hier zeigt es sich denn wieder, wie die besondere Bestimmtheit des Produktionsverhältnisses, der Kategorie – Kapital und Arbeit hier – erst wahr wird mit der Entwicklung einer besonderen materiellen Weise der Produktion und einer besonderen Stufe der Entwicklung der industriellen Produktivkräfte.«[32]

Der entscheidende ökonomische Widerspruch in der kapitalistischen Anwendung der Maschinerie zur Steigerung des Mehrwerts liegt in ihrer gegensätzlichen Wirkung auf die beiden Faktoren (Mehrwertrate mal Arbeiterzahl), die die Masse des Mehrwerts bestimmen, den ein Kapital gegebener Größe liefert. Die Rate des Mehrwerts, das Verhältnis von Mehrarbeit zu notwendiger Arbeit (gleich Gegenwert der Reproduktionskosten der Arbeitskraft), wird durch die Anwendung von Maschinen erhöht, während die Anzahl der beschäftigten Arbeiter im Verhältnis zum angewandten konstanten Kapital abnimmt. Zwar kann ohne weitere Vermittlungsglieder aus der gegensätzlichen Bewegung nur dieser beiden Faktoren noch keine ökonomische Krisentendenz abgeleitet werden, da das Plus und Minus aus beiden Faktoren mathematisch immer noch ein positiveres Gesamtergebnis als zuvor erbringen kann. Entscheidend ist hier allein die Auswirkung dieses

32 Marx, *Grundrisse,* S. 204 f. Vgl. auch S. 25.

Zusammenhangs auf die Arbeitssituation und die gesellschaftlich-ökonomische Lage der Arbeiter.
Historisch führte die Einführung einer neuen Maschinerie, die nach ihrer Verallgemeinerung in einem Produktionszweig den Wert gesellschaftlich allgemeiner Durchschnittsarbeit bestimmt, zunächst zur Verlängerung des Arbeitstags, »um die Abnahme in der verhältnismäßigen Anzahl der exploitierten Arbeiter durch Zunahme nicht nur der relativen, sondern auch der absoluten Mehrarbeit zu kompensieren«.[33] Der technologische Fortschritt als das wichtigste Mittel zur Verkürzung der Arbeitszeit verkehrte sich durch seine kapitalistische Anwendung zunächst in das »unfehlbarste Mittel [...], alle Lebenszeit des Arbeiters und seiner Familie in disponible Arbeitszeit für die Verwertung des Kapitals zu verwandeln«.[34] Die ruinösen Folgen der maßlosen Verlängerung des Arbeitstages für die Lebensdauer und Gesundheit der Arbeitskraft erzwangen in einem lang währenden Klassenkampf der Arbeiterklasse gegen das Kapital zur Erhaltung des Gebrauchswerts ihrer einzigen Ware schließlich die gesetzliche Regelung des Normalarbeitstags durch den Staat. Der dem Kapital letztlich auch in seinem eigenen Interesse aufgezwungene Normalarbeitstag[35] führte (neben Streiks) zu einer forcierten Einführung arbeitsparender, produktivitätssteigernder Maschinen einerseits und zur Intensivierung der Arbeit innerhalb des gesetzlich beschränkten Arbeitstages andererseits, um durch Steigerung des relativen Mehrwerts die Verwertung des Kapitals zu garantieren.
Die Intensivierung der Arbeit bedeutet die Leistung eines größeren Arbeitsquantums in gegebener Zeit und ist insofern nur die nach innen gewendete, früher extensive Vergrößerung des Arbeitsquantums eines Arbeitstags. Die Steigerung der Intensität der Arbeit hat also für das Kapital die gleichen Verwertungsvorteile und für die Arbeiter ähnliche negative physische und vor allem psychische Folgen wie die extensive Ausdehnung des Arbeitstags. Der zusätzliche und eigentliche Nachteil dieser Form der Ausbeutung für die Arbeiter liegt darin, daß die mit der Verschiedenheit der Arbeitsplätze variieren-

33 Marx, *Kapital*, Bd. I, S. 430.
34 Marx, *Kapital*, Bd. I, S. 430.
35 Vgl. Marx, *Kapital*, Bd. 1, S. 281.

den konkreten Methoden der Intensivierung kaum Gegenstand allgemeiner gesetzlicher Regelungen werden können. Deshalb bleibt den betroffenen Arbeitern gegenüber den konkreten Maßnahmen des Kapitals zur Erhöhung der Arbeitsintensivität überwiegend nur die der jeweiligen Arbeitssituation angemessene Reaktion des Bremsens und der Kaschierung von Verbesserungen und Erleichterungen im Arbeitsablauf, da seine Änderung immer die Gefahr in sich birgt, letztlich auf Kosten des Arbeiters zu gehen. Der strukturelle Zwang, sich defensiv zu verhalten und seine Leistungsfähigkeit zu verdekken, tritt besonders deutlich in der Akkordarbeit zutage. Vermag nämlich ein Arbeiter eine überdurchschnittliche Stückzahl über der Akkordnorm zu produzieren, um sein individuelles Lohninteresse zu befriedigen, so dürfte bald darauf die Grundnorm des Akkords erhöht werden, und dies in der Regel nicht nur für ihn, sondern auch für alle anderen an gleichen Arbeitsplätzen. »Der Akkord, der [der Ideologie entsprechend /H. N.] mehr Lohn ermöglichen soll, wird zu einem Instrument, das mehr Leistung erzwingt.«[36] Das mit dem Akkordsystem zugleich entstehende Mogelsystem der Arbeiter hat aber neben der Funktion für den Arbeiter, sich nicht übermäßig stark ausbeuten zu lassen, auch noch die, einen kontinuierlichen Arbeitsprozeß im Rahmen der vorgeplanten Funktionsabläufe überhaupt aufrechtzuerhalten. Da kein Arbeitsprozeß in der Wirklichkeit so funktionieren kann, wie er durch die minutiösen Zeiteinteilungen und die Bewegungsablaufplanung in der Akkordbemessung vorgesehen wird, muß der Arbeiter die immer wieder auftauchenden Mängel im Arbeitsprozeß (Materialbeschaffung, Nichtfunktionieren von Maschinen und Werkzeugen) durch seine eigene Leistung kompensieren, für die er nicht eingeplante Zusatzzeit braucht, um den unter Kapitalverwertungsgesichtspunkten geplanten Produktionsprozeß überhaupt der Norm entsprechend bewältigen zu können. Die alltäglichen Diskrepanzen zwischen den Planungen des vorkalkulierten Produktions-

36 K. Thomas, *Die betriebliche Situation der Arbeiter*, S. 120. Thomas exemplifiziert an vielen Beispielen die widersprüchliche Grundstruktur der Arbeitssituation. Zur Strukturanalyse dieser Situation siehe Hack u. a. in ihrem Projektvorschlag *Klassenlage und Interessenorientierung*, S. 35 ff. »Objektiv gesetzte Gleichgültigkeit, Entfremdung und Interessenorientierung«.

ablaufs und den konkreten Anforderungen des Arbeitsprozesses müssen jederzeit von den Arbeitern sowohl als sachliche Schwierigkeiten wie auch als physische und psychische Belastungen ausgetragen und bewältigt werden.

Der widersprüchliche Charakter aller kapitalistischen Produktionsprozesse, Arbeitsprozeß und zugleich Verwertungsprozeß des Kapitals zu sein, kennzeichnet die Grundstruktur aller Arbeitssituationen und erscheint in der Arbeitssituation des Akkordarbeiters nur besonders eklatant. Denn hier zeigt sich, daß die dem Arbeiter in der Zirkulationssphäre aufgrund der Formbestimmtheiten des Warenaustausches vorgeschriebene individuelle Interessenorientierung (und das heißt strukturell: individuelle Tauschwertorientierung), die zusätzlich durch seine instrumentelle Einstellung zu seiner besonderen, an sich abstrakten und ihm gleichgültigen Tätigkeit auch subjektiv verstärkt wird, in der Wirklichkeit – und das ist für die Arbeiter der Produktionsprozeß – nicht durchzuhalten ist. Denn wie für das Kapital in seinem Austausch mit der Lohnarbeit Tauschwert und Gebrauchswert in einem wirklichen, konstitutiven Verhältnis zueinander stehen, so bildet für den Arbeiter im Produktionsprozeß der Tauschwert und Gebrauchswert seiner Arbeitskraft eine unlösbare, in sich widersprüchliche Einheit.

Versucht der Arbeiter durch überdurchschnittliche Leistungen seinen Tauschwert zu erhöhen, so wird einerseits das Kapital durch Anheben seiner Leistungsnorm den individuellen Gewinn wieder verkleinern, andererseits ruiniert der Arbeiter auf diese Weise den Gebrauchswert seiner Arbeitskraft und damit deren Tauschwert für die Zukunft. Die leistungsorientierte Instrumentalisierung der eigenen Arbeitskraft, um individuell etwas mehr zu verdienen, kehrt sich in der Regel immer gegen den Arbeiter. Aber auch die gegenläufige Art der Instrumentalisierung des eigenen Arbeitsvermögens ist nicht durchzuhalten. Würde der Arbeiter nach der Devise handeln, nicht mehr zu tun, als von ihm durch die Vorschriften am Arbeitsplatz, die betrieblichen Anweisungen seiner Vorgesetzten und die vorgeplante Arbeitskalkulation verlangt wird, um auf diese Weise ganz nach den Gesetzen des Warentausches den Gebrauch seiner Arbeitskraft in allem nur durch den verfügungsberechtigten Kapitalisten bestimmen zu lassen, so würde unweigerlich der Arbeitsprozeß zusammenbrechen und mit dem Gebrauchswert auch der Tauschwert seiner Arbeitskraft verschwinden. Die eigentliche individuelle Leistung des Arbeiters besteht genau darin, eine Balance zwischen den widersprüchlichen Anforderungen aus den Verwertungsimperativen des Kapitals und den sachlichen Anforderungen des Arbeitsprozesses durch eigene Initiativen in der Weise herzustellen, daß er den Gebrauchswert und zugleich den Tauschwert seiner Arbeitskraft erhält. Gerade diese individuelle Leistung, ohne die auch der kapitalistische Produktionsprozeß nicht funktionieren könnte, ist für den Arbeiter jedoch nur ein schlichtes Gebot der Selbsterhaltung, das ihm nichts darüber hinaus und dem Kapital alles einträgt.

3. Individuelles und Klassen-Interesse der Kapitalisten

Sowohl Hobbes' wie Smith' Theorie der bürgerlichen Gesellschaft zeigte, daß die für die bürgerliche Gesellschaft typische Form des Interesses das individuelle, nur auf sich selbst bezogene Streben ist. Die Notwendigkeit, nur das eigene, individuelle Interesse zu verfolgen, und das Bestimmtsein dieses individuellen Interesses in Inhalt, Form und Mittel seiner Verwirklichung erklärte Marx aus den gesellschaftlichen und ökonomischen Formbestimmungen einer Gesellschaft, in der gegeneinander gleichgültige und voneinander unabhängige Privatproduzenten ihre Produkte als Waren produzieren und austauschen.

In der kapitalistischen Warenproduktion ist die Ware nur eine jeweils besondere Existenzweise des Kapitals, das in der Produktion und dem Austausch der Waren seinen eigentlichen Zweck der Selbstverwertung verfolgt. Obwohl das Klassenverhältnis von Kapital und Lohnarbeit die Basis der kapitalistischen Warenproduktion bildet, verändert das nicht die Formbestimmungen und Gesetzmäßigkeiten des Austausches von Waren als Produkten des Kapitals. Ebenso wie im Modell der einfachen Warenproduktion stellt sich auch in der kapitalistischen Warenproduktion erst im wirklichen Austausch, im gesellschaftlichen Verkehr der Waren, heraus, ob die zur Produktion der Waren aufgewandte Arbeitszeit gesellschaftlich notwendig war und dem Stand der gesellschaftlichen Produktivkräfte entsprach. Da aber kein Kapitalist den wirklichen Wert seiner Waren kennt, sondern nur seine Kosten für die Produktion der Waren einerseits und den erzielten Verkaufserlös nach vollzogenem Austausch andererseits, bildet die Differenz beider Größen den einzigen Indikator, an dem er messen kann, ob die Art seiner Waren und die Weise ihrer Produktion ihren Zweck, die Verwertung seines Kapitals, erfüllen. Der allgemeine Inhalt des je individuellen Interesses eines jeden Kapitalisten ist also der Profit, und deshalb ist die Zirkulationssphäre, in der sich die einzelnen Kapitale in Warenform einander entgegensetzen, die Sphäre der Konkurrenz. Weil aber kein Kapitalist den Verkaufserlös seiner Waren vorweg genau antizipieren kann, muß jeder versuchen, durch kostensenkende bzw. produktivitätserhöhende Produktionsverfahren im Interesse der Selbstverwertung seines Kapitals seinen Konkurrenten gegenüber einen Extraprofit zu erzielen. »In der Tat ist das besondere Interesse, das ein Kapitalist, oder das Kapital einer bestimmten Produktionssphäre, an der Exploitation der direkt von ihm beschäftigten Arbeiter nimmt, darauf beschränkt, daß entweder durch ausnahmsweise Überarbeitung oder aber durch Herabsetzung des Lohns unter den Durchschnitt, oder durch ausnahmsweise Produktivität in der angewandten Arbeit ein Extraschnitt, ein über den Durchschnitt übergreifender Profit gemacht werden kann.«[37] Zwar richten sich die am Extraprofit orientierten Sonderinteressen in der Zirkulationssphäre real gegen die Einzelinteressen der konkurrierenden anderen Kapitalisten – wobei dann auch ein einzelner Kapitalist durchaus Bankrott machen kann –, fördern aber im allgemeinen nur die Verwertung des Gesamtkapitals. Denn die durch Extraprofite ausgelösten Kapitalbewegungen führen zu einem Ausgleich der einzelnen Profitraten zur Durchschnittsprofitrate; das Resultat ist die vorübergehende Wiederherstellung einer gleichen Profitrate aller Einzelkapitale, die aber auf einem erhöhten Produktivitätsniveau einzelner Kapitale und damit auf der erhöhten Durchschnittsproduktivität des Gesamtkapitals beruht.

So sehr also ein Einzelkapital gegenüber den konkurrierenden

37 Marx, *Kapital*, Bd. III, S. 207.

Kapitalen ein ganz spezielles Interesse an der Ausbeutung der speziell von ihm beschäftigten Arbeiter hat, so hat doch aufgrund der sich in der Konkurrenz bildenden Durchschnittsprofitrate »jede besondere Sphäre des Kapitals und jeder einzelne Kapitalist dasselbe Interesse an der Produktivität der vom Gesamtkapital angewandten gesellschaftlichen Arbeit«.[38] Die Konkurrenz, die zunächst nur den Gegensatz der individuellen Interessen der Kapitalisten zu zeigen scheint, ist in Wirklichkeit der Mechanismus der Entwicklung der Produktivkräfte der vom Gesamtkapital angewandten Arbeit und somit die Form, in der sich das Klasseninteresse der Kapitalisten gegenüber der Arbeiterklasse verwirklicht.

Indem die Konkurrenz der Einzelkapitale, die auf seiten des fungierenden Kapitalisten das Interesse an möglichst hohem Profit zum ausschließlichen Motiv seines Handelns macht, einerseits die Entwicklung der Produktivkräfte der Arbeit vorantreibt und andererseits zur Bildung der Durchschnittsprofitrate führt, vermitteln sich durch sie alle Kapitalisten zur Einheit der Kapitalistenklasse und die Einzelkapitale zum Gesamtkapital. In der Durchschnittsprofitrate, die letztlich von der Produktivität der vom Gesamtkapital beschäftigten Arbeit abhängt, erscheint auch empirisch, daß hinter den Vorgängen der anarchischen Konkurrenz der Einzelkapitale sich der Verwertungsprozeß des gesellschaftlichen Gesamtkapitals vollzieht. Es ist die eigentliche gesellschaftliche Realität und Objektivität, obgleich das profitorientierte Handeln eines jeden Kapitalisten allein durch die produktionstechnischen Besonderheiten und die branchenspezifischen Marktverhältnisse der Produktionssphäre bestimmt ist, in der gerade sein Kapital angelegt ist. Der aus der anarchischen Konkurrenz resultierende Funktionszusammenhang der Verwertung des Gesamtkapitals, in dem sich die Bedingungen der permanenten Entwertung und Verwertung der Einzelkapitale herausbilden, setzt jedes einzelne Kapital zu einem »verselbständigten, sozusagen mit individuellem Leben begabten Bruchstück des gesellschaftlichen Gesamtkapitals« herab, so »wie jeder einzelne Kapitalist nur [als] ein individuelles Element der Kapitalistenklasse« fungiert.[38a] Deshalb verwirklicht jeder

38 Marx, *Kapital*, Bd. III, S. 208.

38a Marx, *Kapital*, Bd. II, S. 351 f.

einzelne Kapitalist, indem er sein individuelles Profitinteresse verfolgt, in dem Ausmaß, in dem der ökonomische Funktionszusammenhang der Verwertung des Gesamtkapitals allein aus den konkurrenzbestimmten Austauschbeziehungen der Einzelkapitale resultiert, zugleich das Klasseninteresse aller Kapitalisten und damit die Verwertung des gesellschaftlichen Gesamtkapitals.
Dessen Verwertungsbedingungen erfordern aber auch allgemeine Leistungen, die nicht in der Form einzelkapitalistischer Produktion erbracht werden können. Außer der Garantie innerer und äußerer Sicherheit durch das staatliche Rechtssystem, durch Polizei und Militär nehmen in der Entwicklung der kapitalistischen Produktionsweise vor allem die Anforderungen an vom Staat zu produzierende immaterielle und materielle Infrastrukturleistungen zu. Insofern der Staat diese Leistungen hervorbringt und damit die Verwertungsbedingungen des Gesamtkapitals verbessert, verwirklicht er in zunehmendem Maße eine Dimension des gesamtkapitalistischen Klasseninteresses, die selbst in der klassischen Konkurrenzphase des Kapitalismus nie vollständig zugleich durch die interesseorientierten Handlungen der einzelnen Kapitalisten zur Verwertung ihres Kapitals realisiert werden konnte.
Außer der Herstellung und Verbesserung der allgemeinen Verwertungsbedingungen aller einzelnen Kapitale übernimmt der Staat mehr und mehr die Aufgabe, aus gesellschaftspolitischen Stabilisierungsgründen die Verwertungsbedingungen einzelner Kapitale in Form von Subventionen und substitutiven Eingriffen in Funktionslücken des anarchischen Produktions- und Reproduktionsprozesses des Kapitals zu sichern. Diese substitutiven Eingriffe des Staates in die Funktionslücken des Marktes zur Wahrung von einzelkapitalistischen Sonderinteressen sowie die staatliche Verbesserung der allgemeinen Verwertungsbedingungen des Gesamtkapitals wurden genetisch durch die Konzentrations- und Organisationsprozesse der Einzelkapitale hervorgetrieben, die das Resultat ihrer konkurrenzbestimmten Verwertungsprozesse sind. Der Prozeß der Konzentration der Kapitale und der Organisierung der Märkte durch wenige mächtige Einzelkapitale ruft gleichsam zwangsläufig, indem er die gesamtkapitalistischen Ausgleichsprozesse des Marktes einschränkt und verzerrt, als

Kompensation zur Erhaltung des gesamtkapitalistischen Produktionsprozesses die permanent verstärkte staatliche Dauerintervention im gesamtkapitalistischen Klasseninteresse hervor.

Zwar wird mit den zunehmenden kapitalistischen Vergesellschaftungstendenzen der Lenkung und Leitung des kapitalistischen Gesamtproduktionsprozesses durch die neuen Erscheinungsformen organisierter Brancheninteressen und organisatorischer Profitverteilung (Preisführerschaft, Kartelle, etc.) einerseits und staatlicher Dauerintervention zur Erhaltung und Verbesserung der allgemeinen und besonderen Verwertungsbedingungen des Kapitals andererseits nicht das grundlegende kapitalistische Produktionsverhältnis von Lohnarbeit und Kapital aufgehoben, aber die Ausdrucks- und Verlaufsformen der aus dem Grundwiderspruch zwischen Lohnarbeit und Kapital resultierenden Widersprüche sowohl in den Existenzbedingungen der Arbeiterklasse wie im Akkumulations- und Verwertungsprozeß des Kapitals verändern sich in einer Weise, die die bewußtseinsbildende und politisierende Funktion des in modifizierter Gestalt weiterhin krisenhaften Gesamtprozesses der kapitalistischen Produktion und Reproduktion zu vermindern scheinen. Denn die Vergesellschaftungstendenzen des Kapitals und die staatliche Dauerintervention, die beide wesentlich durch die politische und gewerkschaftliche Selbstorganisation der Arbeiterschaft beschleunigt und teilweise überhaupt erst erzwungen wurden, führen mindestens für längere Fristen zu Stabilisierungen der kapitalistischen Ökonomie, die auch der Arbeiterschaft durch die Verbesserung ihrer materiellen Lage mit den Produktivitätsfortschritten im Prozeß der kapitalistischen Akkumulation und durch die partielle Absicherung ihrer gesellschaftlichen Lage in Form der sozialpolitischen Gesetzgebung des Staates das Lohnarbeitsverhältnis erträglicher machen.

Gerade indem im Entwicklungsprozeß der kapitalistischen Produktionsweise die ursprünglich im konkurrenzbestimmten Verwertungsprozeß der Einzelkapitale sehr weitreichende Identität zwischen einzelkapitalistischem Interesse und Klasseninteresse des Kapitals sich lockert und zerfällt und der Staat zum Garanten des gesamtkapitalistischen Interesses auch gegen die kurzsichtigen und bornierten Sonderinteressen

einzelner Kapitale wird, stabilisiert er mit der Kompromißstruktur seiner politisch-ökonomischen Interventionen auch das Lohnarbeitsverhältnis, insofern er die aus den unmittelbaren Interessen der Arbeiterschaft sich ergebenden Ansprüche partiell anerkennt und ihre Befriedigung durch seine Wirtschafts- und Gesellschaftspolitik in einem Ausmaß unterstützt, das mit den Erfordernissen des Akkumulationsprozesses des Kapitals auf der jeweiligen Entwicklungsstufe als kompatibel angesehen wird.
Das bedeutet aber für die Interessenstruktur im organisierten Kapitalismus, daß sowohl die einzelnen Kapitalistengruppen als auch die organisierte Arbeiterschaft ihre jeweiligen Interessen von vornherein als funktionales Erfordernis im Interesse der Aufrechterhaltung und progressiven Weiterentwicklung des – unter der Formel der Volkswirtschaft kaschierten – gesamtkapitalistischen Funktionszusammenhangs ausgeben und mit dem Hinweis auf die Funktionalität für den kapitalistischen Gesamtproduktionsprozeß legitimieren.

4. Individuelles und Klassen-Interesse der Arbeiter

In der Zirkulationssphäre stehen sich Arbeiter und Kapitalist als freie Privateigentümer gegenüber. Als Verkäufern ihrer Arbeitskraft ist den Arbeitern einzeln die Verhaltensform der individuellen Interessenwahrnehmung aufgezwungen. Da die Zirkulationssphäre die Sphäre der Konkurrenz ist, spaltet diese die Arbeiter in ihren individuellen Interessen, denn keinem Arbeiter ist vorweg garantiert, daß er seine einzige Ware verkaufen und damit sein individuelles Interesse verwirklichen kann. Die Form der individuellen Interessenwahrnehmung ermöglicht zwar dem Arbeiter, der seine Arbeitskraft verkaufen kann, sein Interesse an Lebensfristung für eine unbestimmte Zeit zu verwirklichen, doch realisiert sich dem Inhalt nach im Verkauf der Arbeitskraft auch das individuelle und das Klasseninteresse der Kapitalisten. Da nach den Gesetzen des Warenaustausches der Gebrauch der Arbeitskraft dem Belieben des Käufers überlassen ist, war bis zur gesetzlichen Regelung des Arbeitstags seine Ausdehnung von seiten der Kapitalisten und der Versuch seiner Beschränkung auf seiten der Arbeiter zur Erhaltung ihrer Arbeitskraft einer der zentralen Konflikte, in denen die Arbeiter zur Verteidigung ihrer Interessen kollektiv handeln mußten und durch Organisation ihre individuellen Interessen gemeinsam zu wahren suchten. »Von ganz elastischen Schranken abgesehen, ergibt sich aus der Natur des Warenaustauschs selbst keine Grenze des Arbeitstags, also keine Grenze der Mehrarbeit. Der Kapitalist behauptet sein Recht als Käufer, wenn er den Arbeitstag so lang als möglich und womöglich aus einem Arbeitstag zwei zu machen sucht. Andererseits schließt die spezifische Natur der verkauften Ware eine Schranke ihres Konsums durch den Käufer ein, und der Arbeiter behauptet sein Recht als Verkäufer, wenn er den Arbeitstag auf eine bestimmte Normalgröße beschränken will. Es findet hier also eine Antinomie statt, Recht wider Recht, beide gleichmäßig durch das Gesetz des Warenaustauschs besiegelt. Zwischen gleichen Rechten entscheidet die Gewalt. Und so stellt sich in der Geschichte der kapitalistischen Produktion die Normierung des Arbeitstags als Kampf um die Schranken des Arbeitstags dar – ein Kampf zwischen dem Gesamtkapitalisten, d. h. der Klasse der Kapitalisten, und dem Gesamtarbeiter, oder der Arbeiterklasse.«[39]

Die gesetzliche Verankerung des Normalarbeitstags, die in langwierigen Kämpfen der Arbeiterklasse gegen die Kapitalistenklasse politisch durchgesetzt wurde, ist zwar als ein erster Sieg der Arbeiterklasse gegenüber dem Kapital anzusehen, doch lag der Normalarbeitstag ebenso im wohlverstandenen Interesse des Kapitals, das zu seiner Verwertung auf eine durchschnittlich gesunde Arbeitskraft angewiesen ist. Insofern hat die Arbeiterklasse mit dem Normalarbeitstag zugleich auch eine Stabilisierung des kapitalistischen Produktionsverhältnisses gegen die selbstdestruktiven Auswüchse der absoluten Mehrwertproduktion bewirkt und somit im kollektiven Kampf für das allen Arbeitern gemeinsame Interesse an der Erhaltung ihrer Arbeitskraft auch das objektive Klasseninteresse des Kapitals gegen die einzelnen Kapitalisten verteidigt.

Generelle staatliche Maßnahmen zum Schutz der Arbeitskraft wie der Normalarbeitstag beschränken aber nicht prinzipiell

39 Marx, *Kapital*, Bd. I, S. 249.

die anarchische Konkurrenz der einzelnen Kapitale, sondern verändern nur die Bedingungen, unter denen jeder Kapitalist im Interesse der Verwertung seines Kapitals mit neuen Methoden (Entlohnungsformen, Intensivierung der Arbeit, arbeitssparende Maschinen etc.) die Mehrarbeit seiner Arbeiter vergrößern muß.

In den fast mit zyklischer Regelmäßigkeit wiederkehrenden Entlassungs- und Lohnkürzungswellen im krisenhaften Prozeß der Akkumulation des Kapitals erfahren die Arbeiter immer wieder die generelle Unsicherheit ihrer gesellschaftlich-ökonomischen Situation und die Unmöglichkeit, dauerhaft individuell ihre unmittelbaren Interessen erfolgreich verteidigen und verwirklichen zu können. Die Erfahrung der Arbeiter, daß auf die Dauer individuelle Interessenorientierung als die in der kapitalistischen Warenproduktion strukturell angelegte und im bürgerlichen Normensystem institutionalisierte Handlungsform weder in der Zirkulationssphäre noch im Produktionsprozeß zum Erfolg führt, zwingt sie, ihre gemeinsamen Interessen durch kollektive Handlungs- und Organisationsformen (Streiks und Arbeiterkoalitionen) verteidigen zu lernen. Denn die Wirksamkeit kollektiver Handlungs- und Organisationsformen wird ihnen täglich, wenngleich in entfremdeter und gegen sie gerichteter Weise, im kooperativen Charakter der Vergesellschaftung des Arbeitsprozesses durch das Kapital vordemonstriert.

Im kollektiven Handeln und in der Bildung von Organisationen zur Durchsetzung ihrer Interessen entwickeln die Arbeiter die Handlungsformen zur Verwirklichung ihres Klasseninteresses, obgleich sie in den kollektiv verteidigten gemeinsamen Interessen nicht notwendigerweise auch schon den Inhalt ihres Klasseninteresses vertreten. Aber in der Entwicklung kollektiver Handlungs- und Organisationsformen liegt an sich ein in doppelter Weise Bewußtsein bildendes und politisierendes Moment. Einerseits erfahren die Arbeiter durch ihre Selbstorganisation die vorher nur individuell erkannte Gleichartigkeit ihrer Situation und ihrer Interessen als reale, sie verbindende Gemeinsamkeit. Andererseits bringt die herrschende Klasse durch Illegalisierungs- und Unterdrückungsmaßnahmen gegen die Arbeiterorganisationen und Streiks der Arbeiterschaft zu Bewußtsein, daß die Existenz ihrer Organisationen und

Handlungsformen als solche schon einen die herrschende Klasse bedrohenden politischen Charakter hat. »Die Großindustrie bringt eine Menge einander unbekannter Leute an einen Ort zusammen. Die Konkurrenz spaltet sie in ihren Interessen; aber die Aufrechterhaltung des Lebens, dieses gemeinsame Interesse gegenüber ihrem Meister, vereinigt sie in einem gemeinsamen Gedanken der Widerstands-*Koalition*. So hat die Koalition stets einen doppelten Zweck, den, die Konkurrenz der Arbeiter unter sich aufzuheben, um dem Kapitalisten eine allgemeine Konkurrenz machen zu können. Wenn der erste Zweck des Widerstandes nur die Aufrechterhaltung der Löhne war, so formieren sich die anfangs isolierten Koalitionen in dem Maß, wie die Kapitalisten ihrerseits sich behufs der Repression vereinigen zu Gruppen, und gegenüber dem stets vereinigten Kapital wird die Aufrechterhaltung der Assoziationen notwendiger für sie als die des Lohnes... In diesem Kampfe – ein veritabler Bürgerkrieg – vereinigen und entwickeln sich alle Elemente für eine kommende Schlacht. Einmal auf diesem Punkt angelangt, nimmt die Koalition einen politischen Charakter an.«[40]

Das politisierende Moment in der Entwicklung und Aufrechterhaltung der Organisationen gegen den Widerstand der herrschenden Klasse verliert allerdings zwangsläufig an Relevanz, sobald die Arbeiterschaft das Recht auf Organisation, und sei es auch nur in der Form, als Organisierte nicht mehr verfolgt zu werden, erkämpft hat. Im Prozeß der sukzessiven »Anerkennung« unterliegen die Arbeiterorganisationen aber auch – gleichsam als Voraussetzung und Preis der Anerkennung – einer funktionalen Spezifizierung (Lohninteressen, politische Interessen) und einer entsprechenden Beschränkung ihrer Aktionsformen und Kampfmittel (Streik/Wahl). Die funktionale Gliederung und organisatorische Trennung der Arbeiterbewegung in eine auf nur ökonomische Interessenvertretung reduzierte Gewerkschaftsorganisation und eine nur politische Ziele verfechtende Arbeiterpartei erklärt sich aus der Struktur der bürgerlichen Gesellschaft, die durch die Trennung von unpolitischer Gesellschaft in Form des kapitalistischen Produktions- und Reproduktionszusammenhangs einerseits und politischem Staat andererseits gekennzeichnet

40 Marx, *Das Elend der Philosophie*. In: *MEW*, Bd. 4, S. 180.

ist. Die Struktur der vom Proletariat zu bekämpfenden Wirklichkeit legte der Arbeiterbewegung schon aus Gründen der Selbsterhaltung ihrer Organisationen und der unmittelbaren Effizienz in den beiden getrennten Bereichen die organisatorische Trennung in Gewerkschaftsbewegung und Arbeiterpartei nahe. Das hat die Konsequenz, daß das eigentliche Klasseninteresse des Proletariats, die Aufhebung des kapitalistischen Produktionsverhältnisses als des grundlegenden Herrschaftsverhältnisses in der bürgerlichen Gesellschaft, unmittelbar organisatorisch nicht erfaßt wird und von den beiden bestehenden Organisationen entweder dort thematisiert wird (im politischen Bereich), wo es weder seine Wirklichkeit hat noch die entsprechenden Kampfmittel strukturell vorhanden sind, oder dort unthematisiert bleibt, wo es in seiner Wirklichkeit und von der strategischen Position des Proletariats her bekämpft werden kann (im Produktionsbereich). Die Verselbständigung der beiden funktional spezifizierten Arbeiterorganisationen gegeneinander braucht jedoch nicht zwangsläufig zur Folge zu haben, daß das eigentliche Klasseninteresse des Proletariats nicht wirksam vertreten und verwirklicht wird. Vielmehr folgt aus der Verselbständigung, daß nicht eine Organisation zum einzigen Hüter und Verfechter des wahren Klasseninteresses deklariert werden darf, sondern daß einerseits der Kampf für das Klasseninteresse mit den jeweils konkreten ökonomischen und gesellschaftlichen Interessen und Kämpfen der Arbeiterschaft vermittelt werden muß und daß andererseits diese Interessen und Kämpfe über ihre unmittelbaren Zielsetzungen hinaus objektiv und vor allem im Bewußtsein der Arbeiter einen Stellenwert in der politischen, durch das objektive Klasseninteresse nur allgemein bestimmten Gesamtstrategie der Arbeiterklasse erhalten müssen.

Wie die folgenden Bemerkungen von Marx zur politischen Bewegung der Arbeiterklasse in einem Brief an F. Bolte vom 23. 11. 1871 deutlich machen, konnte er zu einer Zeit, als die gegenseitige Verselbständigung der beiden Arbeiterorganisationen noch nicht so weit fortgeschritten war wie im 20. Jahrhundert, noch davon ausgehen, daß von einer bestimmten Entwicklungsstufe an jede ökonomische Bewegung der Arbeiterklasse durch ihre politisierende und organisationsbildende

Wirkung in eine politische Bewegung gegen die herrschende Klasse umschlägt. »Das political movement der Arbeiterklasse hat natürlich zum Endzweck die Eroberung der political power für sie, und dazu ist natürlich eine bis zu einem gewissen Punkt entwickelte previous organization der working class notwendig, die aus ihren ökonomischen Kämpfen selbst erwächst. Andererseits ist aber jede Bewegung, worin die Arbeiterklasse als Klasse den herrschenden Klassen gegenübertritt und sie durch pressure from without zu zwingen sucht, ein political movement. Z. B. der Versuch, in einer einzelnen Fabrik oder auch in einem einzelnen Gewerk durch strikes etc. von den einzelnen Kapitalisten eine Beschränkung der Arbeitszeit zu erzwingen, ist eine rein ökonomische Bewegung; dagegen die Bewegung, ein Achtstunden- etc. Gesetz zu erzwingen, ist eine politische Bewegung. Und in dieser Weise wächst überall aus den vereinzelten ökonomischen Bewegungen der Arbeiter eine politische Bewegung hervor, d. h. eine Bewegung der Klasse, um ihre Interessen durchzusetzen in allgemeiner Form, in einer Form, die allgemeine, gesellschaftlich zwingende Kraft besitzt. Wenn diese Bewegungen eine gewisse previous Organisation unterstellen, sind sie ihrerseits ebensosehr Mittel der Entwicklung dieser Organisation. Wo die Arbeiterklasse noch nicht weit genug in ihrer Organisation fortgeschritten ist, um gegen die Kollektivgewalt, i. e. die politische Gewalt, der herrschenden Klasse einen entscheidenden Feldzug [zu] unternehmen, muß sie jedenfalls dazu geschult werden durch fortwährende Agitation gegen die (und feindselige Haltung zur) Politik der herrschenden Klassen.«[41]

Zwar argumentiert Marx hier auch mit der real die Arbeiterbewegung kennzeichnenden Unterscheidung zwischen politischer und ökonomischer Bewegung und scheint mit der Bezeichnung der jeweiligen Gegner als Kapitalisten bzw. Staat und des Handlungsfeldes des Kampfes den politischen bzw. ökonomischen Charakter eines Kampfes festzulegen. Aber letzteres dient ihm nur als Beispiel, um sein Hauptargument zu illustrieren: daß jede Bewegung dann einen politischen, das Klasseninteresse verfechtenden Charakter hat, wenn in ihr »die Arbeiterklasse *als Klasse* den herrschenden

41 Marx, Brief an Bolte vom 23. 11. 1871. In: *MEW*, Bd. 33, S. 332 f.

Klassen« entgegentritt, um deren Herrschaft abzuschaffen. Daß Marx die Eroberung der politischen Macht als Endzweck der politischen Bewegung der Arbeiterklasse ausgibt, ist selbstverständlich, wenn er damit, wie im Kontext des Zitats, die Partei meint; an sich ist sie aber nur ein Mittel und die strategische Rolle der Eroberung der Staatsmacht im Klassenkampf durchaus historisch variabel, weil der Staatsapparat und seine Funktionen in der Entfaltung der kapitalistischen Produktionsweise sich verändern. Entscheidend für den politischen, intentional das Klasseninteresse verwirklichenden Charakter einer Bewegung der Arbeiterklasse ist, daß die Masse der Arbeiter, die durch ihre aus dem kapitalistischen Produktionsverhältnis resultierende gemeinsame Situation und ihre gemeinsamen Interessen an sich schon eine Klasse gegenüber dem Kapital bildet, »sich als Klasse für sich selbst« konstituiert. »Die ökonomischen Verhältnisse haben zuerst die Masse der Bevölkerung in Arbeiter verwandelt. Die Herrschaft des Kapitals hat für diese Masse eine gemeinsame Situation, gemeinsame Interessen geschaffen. So ist diese Masse bereits eine Klasse gegenüber dem Kapital, aber noch nicht für sich selbst. In dem Kampf, [...], findet sich diese Masse zusammen, konstituiert sich als Klasse für sich selbst. [...] Aber der Kampf von Klasse gegen Klasse ist ein politischer Kampf.«[42]

Dieses Zitat legt die Interpretation nahe, daß die gemeinsamen Interessen, die sich aus der ökonomischen und gesellschaftlichen Situation der Arbeiterklasse ergeben, im Kampf für ihre Durchsetzung zu Klasseninteressen werden. Soll diese These nicht tautologisch sein in dem Sinne, daß die gemeinsamen Interessen einer Masse, die an sich eine Klasse bildet, Klasseninteressen sind, so muß ihr Sinn in der Klärung der Prozesse liegen, die die Selbstkonstitution der Klasse an sich zur Klasse für sich ausmachen.

Das eine Medium, in dem sich die Klasse für sich selbst konstituiert, ist der Kampf; das zweite, nicht genannte, bildet der Prozeß, in dem die Klasse an sich ihr Klassenbewußtsein bildet, durch das es sich erst als Klasse begreifen kann. Da die Entwicklung von Klassenbewußtsein kein rein kognitiver Akt ist, sondern ein historischer Prozeß, in den sowohl die nega-

42 Marx, *Das Elend der Philosophie*. In: *MEW*, Bd. 4, S. 180 f.

tiven Erfahrungen der Versagungen und Restriktionen konstitutiv eingehen, die den Arbeitern gleichsam als Objekten innerhalb und außerhalb des kapitalistischen Produktionsprozesses widerfahren, als auch die positiven Erfahrungen der, wie stark auch immer restringierten, eigenen Praxis im Arbeitsprozeß und vor allem in den bewußt durchgefochtenen ökonomischen und politischen Auseinandersetzungen, setzt der Klassenkampf einerseits das schon entwickelte Klassenbewußtsein voraus, wie er es andererseits erst zur vollständigen Reife entwickelt. Aber außer den beiden angedeuteten Kategorien von Erfahrungen, die die Arbeiter in ihrem alltäglichen Lebens- und Praxiszusammenhang machen, ist noch ein weiteres Moment für die Entwicklung eines Klassenbewußtseins, das der in sich widersprüchlichen Klassenlage des Proletariats entspricht, entscheidend: die Erkenntnis der in sich widersprüchlichen Grundstruktur der kapitalistischen Produktionsweise und ihrer Entwicklungsgesetze und Tendenzen. Denn erst die Theorie der kapitalistischen Gesellschaft ermöglicht es den Arbeitern, ihre Erfahrungen zu einer Gesamtinterpretation ihrer Klassenlage zu verknüpfen und die sich widersprechenden Funktionen ihrer Handlungen im Prozeß der Durchsetzung ihrer gemeinsamen Interessen wahrzunehmen. Insofern vertritt erst die Arbeiterklasse, die selbstbewußt handelt, gerade weil sie den objektiven kapitalistischen Gesellschaftszusammenhang kennt, in den ihre Interessen und ihre Handlungen verstrickt sind, auch wirklich Klasseninteressen.

Die Klasseninteressen der Arbeiterklasse sind zwar inhaltlich die zentralen, allen Arbeitern gemeinsamen Interessen, die gleichsam zwangsläufig sich aus der gesellschaftlich-ökonomischen Lage der Arbeiterklasse entwickeln und auch in ihrem Gegensatz zu den Interessen der herrschenden Klasse noch den Funktionszusammenhängen, Verdinglichungen und Verhaltenszumutungen der kapitalistischen Gesellschaft verhaftet bleiben, doch sind sie auch die Aufhebung dieser unmittelbaren, objektiv erzeugten, allen gemeinsamen Interessen, weil die Arbeiter aufgrund ihres Klassenbewußtseins sowohl das unmittelbar Berechtigte wie auch Beschränkte, d. h. das zugleich Wahre und Falsche dieser Interessen erkannt haben und sich auch der objektiven, nicht gewollten gesellschaftlich-

ökonomischen Wirkungen ihrer Handlungen im Kampf zur Durchsetzung dieser Interessen bewußt sind.
Wie sich das wirkliche Klassenbewußtsein der Arbeiter in der konkreten Vermittlung zwischen dem empirischen Erfahrungszusammenhang der Lebenswelt und Praxis der Arbeiter und der theoretischen Erkenntnis ihrer Klassenlage und der Totalität der kapitalistischen Gesellschaft entfaltet und es dieser Vermittlungszusammenhang selbst ist, so entstehen die Klasseninteressen der Arbeiter durch die Vermittlung der unmittelbaren gemeinsamen Interessen der Arbeiter mit dem Klasseninteresse bzw. Endzweck der Arbeiterbewegung und stellen diese Vermittlung in der Praxis immer erst konkret her, indem sie das Handeln der Arbeiter bestimmen. Die Struktur der Klasseninteressen ist die gleiche wie die des Klassenbewußtseins der Arbeiter: beider Wirklichkeit konstituiert sich durch die drei Momente, empirisch in den alltäglichen Lebens- und Praxiszusammenhängen zu entstehen, theoretisch reflektiert zu sein und praktisch, die Wirklichkeit verändernd, zu wirken. Insofern sind beide das gleiche, und der Satz, daß Arbeiter, die Klasseninteressen vertreten, klassenbewußt handeln, ist tautologisch. Da aber das Gewicht der einzelnen konstitutiven Momente in der Struktur der Klasseninteressen anders ist als in der Struktur des Klassenbewußtseins, stehen Klassenbewußtsein und Klasseninteressen in einem spannungsreichen Inklusions- und Bedingungsverhältnis, in dem das Klassenbewußtsein das umfassende Bewußtsein der Arbeiterklasse von ihrer Praxis, ihrer gesellschaftlich-ökonomischen Lage und der Totalität der Gesellschaft darstellt und die Klasseninteressen die durch das Klassenbewußtsein vermittelten konkreten Bestimmungsgründe der geschichtlich-gesellschaftlichen Praxis der Arbeiterklasse bilden.
Das als Vermittlungszusammenhang zwischen empirischem Erfahrungszusammenhang und theoretischer Einsicht in die gesellschaftliche Totalität bestimmte Klassenbewußtsein ist das Medium, in dem sich die Klasseninteressen erst artikulieren und als erst herzustellende Vermittlung zwischen der abstrakten Konkretheit der unmittelbaren Interessen und dem abstrakten Endziel der Aufhebung der Klassenherrschaft durch die Abschaffung des kapitalistischen Produktionsverhältnisses erkannt werden. Diese Vermittlung vollzieht sich

aber erst wirklich in der durch die Klasseninteressen bestimmten Praxis, die konstitutiv in das Klassenbewußtsein eingeht und es weiterentwickelt. Die Klasseninteressen sind gewissermaßen der die Praxis unmittelbar bestimmende besondere Vermittlungszusammenhang, den das Klassenbewußtsein in seiner konkreten Allgemeinheit darstellt.[43]

Da das Klassenbewußtsein und die Klasseninteressen einen je spezifischen, einerseits vom Bewußtsein, andererseits vom Handeln her zentrierten, aber dennoch umfassenden Vermittlungszusammenhang bilden, kann keine besondere Organisation der Arbeiterklasse den Anspruch erheben, allein die wahren Klasseninteressen des Proletariats zu verfechten oder die »selbständige Gestalt des proletarischen Klassenbewußtseins« zu sein – wie z. B. Lukács es von der kommunistischen Partei Lenins behauptet.[44] Denn die mit derartigen Absolutheitsansprüchen auftretenden Organisationen sind immer nur das eine Extrem in der aus der Struktur der bürgerlichen Gesellschaft resultierenden abstrakten Entgegensetzung zwischen den unmittelbaren, meist ökonomischen Interessen der Arbeiter, die sie in und durch ihre gewerkschaftlichen Organisationen durchzusetzen versuchen, und dem Endziel oder dem objektiven Klasseninteresse, das historisch überwiegend durch Parteien vertreten wurde und realisiert werden sollte. Gerade diese Entgegensetzung und ihre organisatorische Fixierung verhindern die wirkliche Entfaltung der Klasseninteressen der Arbeiter und in ihnen die praktische Vermittlung von unmittelbaren Interessen und die Wirklichkeit transzendierender Klassenkampfprogrammatik, die beide, mitsamt den sie vertretenden Organisationen, in ihrer besonderen Abstraktheit ökonomisch und politisch in die naturwüchsigen Zusammenhänge der bürgerlichen Gesellschaft verstrickt bleiben. Denn in der abstrakten Entgegensetzung reproduziert sich in der Arbeiterbewegung auf kollektiver Ebene die für die bürgerliche Gesellschaft aufgrund der Trennung von Staat und Gesellschaft konstitutive Spaltung des Individuums in den

43 Zur Bestimmung der Struktur und Rolle des Klassenbewußtseins vgl. die Kommentare Nr. 12 und 13 (S. 410-420) zum Begriff der proletarischen Öffentlichkeit in: Negt/Kluge, *Öffentlichkeit und Erfahrung.*

44 Lukács, *Methodisches zur Organisationsfrage,* in: *Geschichte und Klassenbewußtsein,* S. 333.

konkreten materialistischen Bourgeois mit seinen wirklichen Privatinteressen und den abstrakten idealistischen Citoyen mit seinem unwirklichen, aber wahren Allgemeininteresse.[45]

45 Vgl. Marx' Analysen des Verhältnisses von Staat und bürgerlicher Gesellschaft, in: *Kritik des Hegelschen Staatsrechts* und in: *Zur Judenfrage.* In: *MEW*, Bd. 1, S. 203 ff. und 347 ff.

V. Schlußbemerkung

Marx hat zwar nicht explizit und detailliert die Struktur des Klassenbewußtseins und der Klasseninteressen in der dargelegten Weise als Vermittlungszusammenhang entwickelt; das war zu seiner Zeit wohl auch noch nicht so dringlich wie heute, weil er noch nicht mit den Problemen konfrontiert war, die die Geschichte der Arbeiterbewegung heute erkennen läßt; aber im Prinzip entwickelt seine Theorie der Entwicklungsgesetzlichkeiten und Tendenzen der kapitalistischen Produktionsweise in der Ableitung der verschiedenen in der erfahrbaren Wirklichkeit erscheinenden Widersprüche aus dem Grundwiderspruch zwischen Kapital und Lohnarbeit die Grundstruktur der Konstitution des Klassenbewußtseins und der Klasseninteressen des Proletariats. Freilich sah und analysierte Marx nicht alle spezifischen Vermittlungszusammenhänge zwischen den ökonomischen und gesellschaftlichen Widersprüchen und ihrer Entfaltung im kapitalistischen Akkumulationsprozeß – dem objektiven Konstitutionsprozeß der kapitalistischen Wirklichkeit – einerseits und den Erfahrungsweisen, Bewußtseinsformen und Verhaltensweisen der Arbeiter – dem subjektiven Konstitutionsprozeß[1] – andererseits. Denn erst aus der wechselseitigen Vermittlung beider Konstitutionsprozesse sind die Bedingungen zu ermitteln, unter denen sich das Klassenbewußtsein und die Klasseninteressen der Arbeiter entfalten können. Deshalb muß heute zunächst der subjektive Konstitutionsprozeß in seiner eigenen Struktur wie in seinem objektiven Vermitteltsein systematisch erforscht werden, um inhaltlich über die Entwicklungsbedingungen des Klassenbewußtseins und der Klasseninteressen der Arbeiter mehr ausmachen zu können, als mit der Ableitung einiger allgemeiner Strukturbedingungen geleistet werden kann.

Daß Marx primär den objektiven Konstitutionsprozeß der kapitalistischen Gesellschaft in Form der Kritik der politi-

1 Hack u. a. behandeln in ihrem Projektvorschlag das Verhältnis von »Klassenlage und Interessenorientierung« im Bezugssystem dieser beiden Konstitutionsprozesse, siehe S. 25 ff. und S. 43 ff.

schen Ökonomie analysierte, erklärt sich *erstens* aus der Dominanz der gesellschaftlichen Objektivität in der nur dem Schein nach von den Individuen und ihren Interessen konstituierten Wirklichkeit, die sich auch selbst in dem, was an ihr entscheidend ist, thematisierte, da zu Marx' Zeiten die politische Ökonomie die einzige entfaltete Wissenschaft war, die die gesellschaftlichen Verhältnisse zu begreifen versuchte. *Zweitens* ist die Analyse der widersprüchlichen Grundstruktur und der Entwicklungstendenzen der kapitalistischen Produktionsweise gerade wegen des Übergewichts der objektiven Verhältnisse über das Bewußtsein und Handeln der Subjekte Voraussetzung sowohl für die Klärung der strukturellen Zwänge, die die Genese und Entwicklung des Klassenbewußtseins und der Klasseninteressen der Arbeiter wahrscheinlich machen, als auch für die Erkenntnis der gesellschaftlichen Wirkungen gerade jener Handlungen der Arbeiterklasse, die von Interessen bestimmt sind, welche sich gegen die Interessen des Kapitals richten (z. B. in Lohnkämpfen). *Drittens* kann erst mit der Bestimmung der Entwicklungsgesetzlichkeiten, denen gemäß sich der im kapitalistischen Produktionsverhältnis institutionalisierte Grundwiderspruch zwischen Lohnarbeit und Kapital in der Geschichte der kapitalistischen Produktionsweise als ein gesellschaftlich-ökonomischer Krisenzusammenhang entfaltet, plausibel gemacht werden, daß einerseits auf der Ebene des Systemzusammenhangs mit der Entwicklung der Widersprüche auch die Mittel zu ihrer Auflösung (Vergesellschaftung des Produktionsprozesses und Entwicklung der Produktivkräfte) produziert werden und andererseits auf der Ebene der Klassenauseinandersetzungen das der Arbeiterklasse als objektiv unterstellte Klasseninteresse zum bewußten Bestimmungsgrund ihrer geschichtlich verändernden Praxis und damit überhaupt empirisch real wird.

Obgleich die Arbeiterklasse einerseits in ausgezeichneter Weise zur Erkenntnis des Widerspruchscharakters der kapitalistischen Produktionsweise prädestiniert ist, weil im Bewußtsein der Arbeiter Subjekt und Objekt der Erkenntnis in einer Person insofern zusammenfallen, als die Wertform der Ware Arbeitskraft entscheidend die subjektiven und objektiven Existenzbedingungen der Arbeiter determiniert, muß die Arbeiterklasse andererseits gerade wegen der Mystifikation des kapitalistischen Produktions- und Herrschaftsverhältnisses im Lohnarbeitsverhältnis durch die krisenhafte Entwicklungsgesetzlichkeit des kapitalistischen Akkumulationsprozesses immer wieder empirisch sich über sich selbst und ihre objektive gesellschaftliche Rolle aufklären, indem sie durch die Erkenntnis des Widerspruchs zwischen Gebrauchswert und Tauschwert der Ware Arbeitskraft sich als den aktiven Grund der kapitalistischen Produktionsweise und ihrer Widersprüche wahrnimmt.

Zwar vollzieht die Arbeiterklasse – wie vor allem Lukács in seinem Aufsatz *Die Verdinglichung und das Bewußtsein des Proletariats* herausgearbeitet hat – schon dadurch, daß in ihrem Bewußtsein der Widerspruch zwischen dem Gebrauchswert und Wert der Ware Arbeitskraft zum Selbstbewußtsein der Ware wird, »eine gegenständliche, struktive Veränderung am Objekt ihrer Erkenntnis«, weil »der objektive Spezialcharakter der Arbeit als Ware, ihr ›Gebrauchswert‹ (ihre Fähigkeit, ein Mehrprodukt zu liefern), der wie jeder Gebrauchswert in den quantitativen Tauschkategorien des Kapitalismus spurlos untertaucht, [...] in diesem Bewußtsein zur gesellschaftlichen Wirklichkeit«[2] erwacht, somit die Arbeiterklasse aus ihrer in der Wertform der Ware Arbeitskraft fixierten Objektrolle virtuell heraustritt und sich als seiner selbst bewußtgewordenes Subjekt gegen die Wertform wenden kann. Doch scheinen – unbeschadet der abstrakten Richtigkeit dieser Analyse – die Erfolge der politischen und gewerkschaftlichen Kämpfe der Arbeiterklasse ihre gesellschaftlichen und materiellen Existenzbedingungen im Rahmen des Lohnarbeitsverhältnisses in einer Weise verändert zu haben, die offensichtlich die Subsumtion der Arbeitskraft unter die Wertform erträglicher gemacht und dadurch verfestigt haben. Entscheidend für die Stabilisierung des Lohnarbeitsverhältnisses dürfte vornehmlich die in langwierigen Klassenauseinandersetzungen gegen das Kapital erkämpfte Tariffähigkeit der Gewerkschaftsbewegung gewesen sein. Denn die Verbesserung der materiellen Lage der Arbeiterschaft durch kollektive Lohnverhandlungen hat gewissermaßen die bürgerliche Form individueller Interessenwahrnehmung im Bewußtsein und Verhalten der Arbeiter in der veränderten Gestalt

2 Lukács, *Geschichte und Klassenbewußtsein*, S. 185 f.

eines kollektiven Instrumentalismus überhaupt erst mit Aussicht auf Erfolg etabliert und so die Arbeiter den Handlungs- und Orientierungsweisen des Bürgertums subsumiert. Obwohl Marx immer wieder die Notwendigkeit der gewerkschaftlichen Organisation der Arbeiterschaft hervorhob, betonte er zugleich stets, daß die Gewerkschaften ihren Zweck gänzlich verfehlen, »sobald sie sich darauf beschränken, einen Kleinkrieg gegen die Wirkungen des bestehenden Systems zu führen, statt gleichzeitig zu versuchen, es zu verändern«[3] – und das hieß für Marx: die endgültige Abschaffung des Lohnsystems.

Daß der politische und gewerkschaftliche Kampf der organisierten Arbeiterklasse gegen die Wirkungen der kapitalistischen Produktionsweise zu Erfolgen und Veränderungen in der materiellen und gesellschaftlichen Lage der Arbeiterklasse in einem Ausmaß führen würde, das die Notwendigkeit des Kampfs gegen die Ursachen dieser Wirkungen für längere geschichtliche Perioden aus dem Bewußtsein verdrängte, hielt Marx aufgrund seiner Annahmen über die Gesetzmäßigkeiten des kapitalistischen Akkumulationsprozesses, trotz aller in Rechnung gestellten modifizierenden Umstände ihrer Verwirklichung, für historisch unwahrscheinlich. Zwar gilt auch heute noch, daß der kapitalistische Akkumulationsprozeß jede derartige »Steigerung des Arbeitspreises ausschließt, welche die stetige Reproduktion des Kapitalverhältnisses und seine Reproduktion auf stets erweiterter Stufenleiter ernsthaft gefährden könnte«[4], doch begründete Marx seine Aussagen über die Gesetzmäßigkeiten des Akkumulationsprozesses mit krisentheoretischen Annahmen, die einen geringeren Variationsspielraum für stabilisierende Veränderungen innerhalb des kapitalistischen Produktionsverhältnisses zuließen, als die modifizierenden Umstände und die der Gesetzmäßigkeit entgegenwirkenden Tendenzen faktisch eröffneten. Das gilt in erster Linie für das Gesetz vom tendenziellen Fall der Profitrate, das nach Marx »in jeder Beziehung das wichtigste Gesetz der modernen politischen Ökonomie [ist] und das wesentlichste, um die schwierigsten Verhältnisse zu verstehen.«[5]

Der tendenzielle Fall der allgemeinen Profitrate ist für Marx

3 Marx, *Lohn, Preis, Profit,* in: *MEW,* Bd. 16, S. 152.
4 Marx, *Kapital,* Bd. I, S. 649.
5 Marx, *Grundrisse,* S. 634.

»nur ein der kapitalistischen Produktionsweise eigentümlicher Ausdruck für die fortschreitende Entwicklung der gesellschaftlichen Produktivkräfte der Arbeit«.[6] Die dem Kapitalismus eigentümliche Entwicklung der Produktivkräfte der Arbeit zur Verwertung des Kapitals produziert im Fall der Profitrate immer wieder die Schranke für eine krisenfreie Verwertung des schon akkumulierten Kapitals; dennoch verfügt der Kapitalismus zur Überwindung der periodisch auftretenden Überakkumulationskrisen aus Mangel an erzeugtem Mehrwert über kein anderes Mittel, um den stockenden Akkumulationsprozeß wieder in Gang zu setzen und auf erweiterter Stufenleiter fortzusetzen, als durch die Einführung neuer Produktionsmethoden einerseits Teile des vorhandenen Kapitals zu entwerten und andererseits die Arbeitsproduktivität zu steigern, indem die für die produktive Komsumtion der wachsenden Masse der Produktionsmittel notwendige Arbeitsmenge relativ verringert wird.
Marx begründet das Gesetz des tendenziellen Falls der Profitrate mit der Wirkung des produktivitätssteigernden technischen Fortschritts auf die organische Zusammensetzung des Kapitals. Die »organische Zusammensetzung des Kapitals« ist für Marx per definitionem der Ausdruck für die »Wertzusammensetzung des Kapitals [Wertverhältnis zwischen konstantem und variablem Kapital/H.N.], insofern sie durch seine technische Zusammensetzung [Verhältnis der Masse der Produktionsmittel zur erforderlichen Arbeitsmenge/H.N.] bestimmt wird und deren Änderungen widerspiegelt«.[7]
Da nun nach Marx die zur Vergrößerung der Mehrwertrate erforderliche Erhöhung der Produktivität der Arbeit durch technischen Fortschritt über die Erhöhung der technischen Zusammensetzung des Kapitals zu einer wachsenden Wertzusammensetzung des Kapitals führt, bewirkt diese, weil im Profit der Mehrwert auf das überproportional wachsende konstante und variable Kapital bezogen wird, den Fall der Profitrate. Die Begründung des Gesetzes des tendenziellen Falls der Profitrate mit der steigenden organischen Zusammensetzung des Kapitals ist an sich unproblematisch, aber auch wenig aussagekräftig für die wirkliche historische Entwicklung der kapi-

6 Marx, *Kapital*, Bd. III, S. 223.
7 Marx, *Kapital*, Bd. I, S. 640 und Bd. III, S. 155.

talistischen Akkumulation, solange nicht außer der Veränderung der technischen Zusammensetzung des Kapitals auch die anderen Faktoren berücksichtigt werden, die ebenfalls die Wertzusammensetzung des Kapitals beeinflussen. Einige dieser Faktoren behandelt Marx als entgegenwirkende Ursachen, »welche die Wirkung des allgemeinen Gesetzes durchkreuzen und aufheben, und ihm nur den Charakter einer Tendenz geben«[8], freilich ohne zu begründen, warum diese Ursachen die Wirksamkeit der Tendenz nicht dauerhaft aufhalten und kompensieren können. Unter den von Marx genannten entgegenwirkenden Ursachen ist die »Verwohlfeilerung der Elemente des konstanten Kapitals« durch technischen Fortschritt besonders wichtig, weil er sogar den Fall annimmt, daß »die Masse der Elemente des konstanten Kapitals zunehmen [kann], während sein Wert gleich bleibt oder sogar fällt«[9], ohne jedoch mit diesem Argument die im Gesetz unterstellte, gegenüber der Mehrwertrate überproportional steigende Wertzusammensetzung des Kapitals zu problematisieren. Trotz krisenhafter Unterbrechungen des kapitalistischen Akkumulationsprozesses und periodischer Schwankungen in den relativen Größen der zentralen ökonomischen Variablen sind in den letzten hundert Jahren die Profitrate und die organische Zusammensetzung des Kapitals vergleichsweise stabil und in der langfristigen Tendenz konstant geblieben.
In welcher Weise auch immer dieses Resultat aus den ökonomischen Gesetzmäßigkeiten des kapitalistischen Akkumulationsprozesses und den die Bedingungen ihrer Verwirklichung verändernden Wirkungen der Klassenauseinandersetzungen zwischen Lohnarbeit und Kapital erklärt werden mag, es ist festzuhalten, daß die von Marx analysierten objektiven Entwicklungsgesetze des kapitalistischen Akkumulationsprozesses sich in ihren Auswirkungen auf die gesellschaftliche und materielle Lage der Arbeiterklasse nicht mit der Schärfe und Unerbittlichkeit durchsetzen und der »Mechanismus des kapitalistischen Produktionsprozesses selbst« die Arbeiterklasse auch nicht in der Weise »geschult, vereinigt und organisiert«[10] hat, daß sie ihre Erfahrungen aus den Widersprüchen der

8 Marx, *Kapital*, Bd. III, S. 242.
9 Marx, *Kapital*, Bd. III, S. 246.
10 Marx, *Kapital*, Bd. I, S. 791.

kapitalistischen Produktionsweise bis zur Einsicht in die Notwendigkeit der Abschaffung des Lohnarbeitsverhältnisses entwickelte und damit das ihr objektiv unterstellte Klasseninteresse praktisch wahr machte.

Literaturverzeichnis

Wörterbücher. Stichwort: *Interesse*

Archiv für Begriffsgeschichte, Hrsg. E. Rothacker; Bd. V: Flasche, H., Wawrzinek, U., *Materialien zur Begriffgeschichte: Eine Bibliographie deutscher Hochschulschriften von 1900-1955,* Bonn 1960

A Dictionary of the Social Sciences, Ed. Gould, J., Kolb, W. L., Glencoe/Ill., 1964

Eisler, R., *Wörterbuch der philosophischen Begriffe,* 3 Bde., Berlin 1927

Encyclopaedia of the Social Sciences, Ed.: Seligman, R. A., New York, 1932

Grimm, J. und Grimm, W., *Deutsches Wörterbuch,* Leipzig 1877

Handwörterbuch der Rechtswissenschaft, Hrsg.: Stier-Somlo und Elster, Berlin/Leipzig 1927/28

Hoffmeister, J., *Wörterbuch der philosophischen Begriffe,* Hamburg 1955

International Encyclopaedia of the Social Sciences, Ed.: Sills, D. L. Glencoe, Ill., 1968

Kluge, Fr., *Etymologisches Wörterbuch der Deutschen Sprache,* Berlin 1967

Lexikon der Pädagogik, 3 Bde., Bern 1951

Bücher und Aufsätze

Backhaus, H.-G., *Zur Dialektik der Wertform,* in: *Beiträge zur marxistischen Erkenntnistheorie,* hrsg. von A. Schmidt, Frankfurt/M. 1969

Barry, B., *Political Argument,* London 1965

Blumenberg, H., *Die Legitimität der Neuzeit,* Frankfurt 1966

Bollhagen, P., *Interesse und Gesellschaft,* Berlin 1967

Borkenau, F., *Der Übergang vom feudalen zum bürgerlichen Weltbild,* Paris 1934

Cassirer, E., *Die Philosophie der Aufklärung,* Tübingen 1932

Dilthey, W., *Gesammelte Schriften,* Bd. II, Leipzig u. Berlin 1923

Elias, N., *Über den Prozeß der Zivilisation,* 2 Bde., Basel 1939

von Ferber, Ch., *Die gesellschaftliche Rolle des Interesses,* in: *Deutsche Universitätszeitung,* H. 4 und 5, 1958, Bonn 1958

Groethuysen, B., *Die Entstehung der bürgerlichen Welt- und Lebensanschauung in Frankreich,* Halle/Saale 1927

Habermas, J., *Die klassische Lehre von der Politik in ihrem Verhältnis zur Sozialphilosophie,* in: *Theorie und Praxis,* Neuwied 1963

– *Naturrecht und Revolution,* in: *Theorie und Praxis*

– *Strukturwandel der Öffentlichkeit,* Neuwied 1962
– *Erkenntnis und Interesse,* in: *Merkur,* H. 213, Dez. 1965, Köln/Berlin 1965
– *Erkenntnis und Interesse,* Frankfurt 1968
– *Technik und Wissenschaft als »Ideologie«,* Frankfurt 1968
Habermas, J. / Luhmann, N., *Theorie der Gesellschaft oder Sozialtechnologie,* Frankfurt 1971
Hack, L. u. a., *Projektvorschlag »Klassenlage und Interessenorientierung«,* Institut für Soziologie an der FU Berlin, 1971
Halévy, E., *The Growth of Philosophic Radicalism,* transl. by M. Morris, London 1928
Hartfiel, G., *Wirtschaftliche und soziale Rationalität,* Stuttgart 1968
Hasbach, W., *Untersuchungen über A. Smith und die Entwicklung der politischen Ökonomie,* Leipzig 1891
Hekscher, E. F., *Der Merkantilismus,* 2 Bde. Jena 1932
Hegel, G. F. W., *Phänomenologie des Geistes,* Hamburg 1952
– *Grundlinien der Philosophie des Rechts,* Hamburg 1955
– *Die Vernunft in der Geschichte,* Hamburg 1955
– *System der Philosophie,* Bd. III: *Philosophie des Geistes,* Jubiläumsausgabe Bd. X
Helvétius, C. A., *Discurs über den Geist des Menschen,* dt. Übers. Leipzig 1787
– *Vom Menschen, von dessen Geisteskräften und von der Erziehung desselben,* dt. Übers. 2 Bde. (in 1), Breslau 1774
Hirsch-Weber, *Politik als Interessenkonflikt,* Stuttgart 1969
Hobbes, Th., *Leviathan,* ed. by: Oakeshott, Oxford 1946
– *The Elements of Law, natural and politic,* ed. by: Tönnies, F., London 1889, dt. Übers. als:
– *Naturrecht und allgemeines Staatsrecht in den Anfangsgründen,* Berlin 1926
– *Leviathan,* Hrsg.: Fetscher, I., Neuwied 1966
– *Vom Menschen / Vom Bürger,* Hamburg 1959
– *Lehre vom Körper,* Leipzig o. J.
– *Behemoth oder das Lange Parlament,* übers. v. Lips. J. Leipzig, 1927
Hobbes, *Studies,* ed. by Brown, K. C., Oxford 1965, enthält wichtige Beiträge zur Hobbes-Diskussion, u. a. von: Strauß, L., Taylor, A. E.; Brown, St. M. jr.; Plamenatz, J.; Warrender, H.; Pennok, R. J.; Macpherson, D. B.; Thomas, K.; Watkins, J. W. N.
Hoffmann, G., *Adam Smith' Philosophie in ihrem Verhältnis zu Naturrecht und Volkswirtschaft,* Inaug. Diss., Berlin 1930
Hofmann, W., *Sozialökonomische Studientexte,* Bd. I, II, III, Berlin 1964/65/66
Horkheimer, M., *Anfänge der bürgerlichen Geschichtsphilosophie,* Stuttgart 1930

Huber, B., *Der Begriff des Interesses*, Diss. Zürich, Winterthur 1958
Jonas, F., *Sozialphilosophie der industriellen Arbeitswelt*, Stuttgart 1960
– *Das Selbstverständnis der ökonomischen Theorie*, Berlin 1964
– *Das allgemeine Stabilitätspostulat in der nationalökonomischen Klassik, insbesondere bei Ricardo*, in: *Schmollers Jahrb.* 74, 1954
– *Was heißt ökonomische Theorie? Vorklassisches und klassisches Denken*, in: *Schmollers Jahrb.* 78,2; 1958
– *Subjekt und Gegenstand in der klassischen Nationalökonomie*, in: *Schmollers Jahrb.* 76, 1956
– *Zur Aufgabenstellung der modernen Soziologie*, in: *Archiv für Rechts- und Sozialphilosophie*, 52, H. 3, 1966
– *Geschichte der Soziologie I*, Hamburg 1968
Kant, I., *Grundlegung zur Metaphysik der Sitten*, Bd. IV, in: *Werke in 6 Bänden*, hrsg. von Weischedel, W., Darmstadt 1963
– *Kritik der praktischen Vernunft*, in: *Werke*, Bd. IV
– *Die Metaphysik der Sitten*, in: *Werke*, Bd. IV
– *Kritik der Urteilskraft*, in: *Werke*, Bd. V
Koselleck, R., *Kritik und Krise*, Freiburg/München 1959
Locke, J., *Zwei Abhandlungen über die Regierung*, hrsg. von Euchner, W., Frankfurt/M. 1967
Lubienski, Z., *Die Grundlagen des ethisch-politischen Systems von Hobbes*, München 1932
Luhmann, N., *Soziologie als Theorie sozialer Systeme*, in: *Kölner Ztschr. für Soziologie und Sozialpsychologie*, 19. Jg., 1967, H. 4
Lukács, G., *Geschichte und Klassenbewußtsein*, Berlin 1923
Lunk, G., *Das Interesse*, 2 Bde., Leipzig 1927
Macpherson, G. B., *Die politische Theorie des Besitzindividualismus*, Frankfurt/M. 1967
Maltusch, W., *Materielles Interesse als Motiv*, Berlin 1966
Mandeville, B., *Die Bienenfabel*, Frankfurt/M. 1968
Marx, K., *Ökonomisch-philosophische Manuskripte*, in: Marx, K., *Werke* Bd. I, hrsg. von Lieber, H. J., Darmstadt 1962
Marx, K. / Engels, F., *Werke* Bd. 1-39, Berlin 1959 ff.
– *Die heilige Familie*, *Werke* Bd. 2
– *Die deutsche Ideologie*, *Werke* Bd. 3
– *Das Elend der Philosophie*, *Werke* Bd. 4
– *Manifest der kommunistischen Partei*, *Werke* Bd. 4
– *Lohnarbeit und Kapital*, *Werke* Bd. 6
– *Die Klassenkämpfe in Frankfreich 1848-1850*, *Werke* Bd. 7
– *Der achtzehnte Brumaire des Louis Bonaparte*, *Werke* Bd. 8
– *Zur Kritik der politischen Ökonomie*, *Werke* Bd. 13
– *Randglossen zu Adolph Wagners Lehrbuch der politischen Ökonomie*, *Werke* Bd. 19

– *Das Kapital*, Bd. I-III, *Werke* Bd. 23-25
– *Theorien über den Mehrwert*, Teil 1-3, Berlin 1956 ff.
– *Grundrisse der Kritik der politischen Ökonomie*, Berlin 1953
– *Resultate des unmittelbaren Produktionsprozesses*, Frankfurt 1969
Mauke, M., *Die Klassentheorie von Marx und Engels*, Frankfurt 1970
Meyer, G., *Philosophische Voraussetzungen der Moraltheorie von K. Marx*, in: *Sein und Ethos*, Walberberg 1964
Myrdal, G., *Das politische Element in der nationalökonomischen Doktrinbildung*, Hannover 1963
Negt, O. / Kluge, A., *Öffentlichkeit und Erfahrung. Zur Organisationsanalyse von bürgerlicher und proletarischer Öffentlichkeit*, Frankfurt 1972
Oakeshott, M., *Introduction*, in: *Leviathan*, Oxford 1946
Pareto, V., *V. Paretos System der allgemeinen Soziologie*, hrsg. von Eisermann, G., Stuttgart 1962
Parsons, T., *The Structure of Social Action*, Glencoe, Ill. 1961
– *Die jüngsten Entwicklungen in der strukturell-funktionalen Theorie*, in: *Kölner Zeitschrift für Soziologie*, 16. Jahrg. 1964, H. 1
Popitz, H., *Der Begriff der sozialen Rolle als Element der soziologischen Theorie*, in: *Recht und Staat*, H. 331/332, Tübingen 1967
Pribram, K., *Die Entstehung der individualistischen Sozialphilosophie*, Leipzig 1912
Pütz, Th., *Wirtschaftslehre und Weltanschauung bei A. Smith*, München/Leipzig 1932
Reichelt, H., *Zur logischen Struktur des Kapitalbegriffs bei Karl Marx*, Frankfurt 1970
Ricardo, D., *Über die Grundsätze der politischen Ökonomie und der Besteuerung*, hrsg. von Bondi, G., Berlin 1959
Rosdolsky, R., *Zur Entstehungsgeschichte des Marxschen »Kapital«*, Frankfurt 1968
Sartre, J. P., *Kritik der dialektischen Vernunft*, Hamburg 1967
Schmidt, H., *Seinserkenntnis und Staatsdenken. Der Subjekt- und Erkenntnisbegriff von Hobbes, Locke und Rousseau als Grundlage des Rechts und der Geschichte*, Tübingen 1965
Schmitt, C., *Der Leviathan in der Staatslehre des Thomas Hobbes*, Hamburg 1938
Sdrawomyslow, A. G., *Das Problem des Interesses in der marxistischen Soziologie*, in: *Sowjetwissenschaft, Gesellschaftswissenschaftliche Beiträge*, H. 7 und 8, 1965
Sik, O., *Ökonomie Interessen Politik*, Berlin 1966
Smith, A., *Theorie der ethischen Gefühle*, 2 Bde. hrsg. von Eckstein, Leipzig 1926
– *Vorlesungen über Rechts-, Polizei-, Steuer- und Heereswesen*, hrsg. von Jastrow, J., Halberstadt 1928

– *Eine Untersuchung über Natur und Wesen des Volkswohlstandes*, hrsg. von Waentig, H., 3 Bde. Jena 1923
Sohn-Rethel, A., *Geistige und körperliche Arbeit*, Frankfurt/M. 1970
von Stein, L., *Geschichte der sozialen Bewegung in Frankreich von 1789 bis auf unsere Tage*, Bd. I: *Der Begriff der Gesellschaft und die soziale Geschichte der Französischen Revolution bis zum Jahre 1830*, Hildesheim 1959
Strauss, L., *Naturrecht und Geschichte*, Stuttgart 1953
– *Hobbes' politische Wissenschaft*, Neuwied 1965
Thomas, K., *Die betriebliche Situation der Arbeiter*, Stuttgart 1964
Tönnies, F., *Thomas Hobbes*, Stuttgart 1925[3]
Warrender, H., *The Political Philosophy of Hobbes*, Oxford 1957
Watkins, J. W. N., *Hobbes' System of Ideas*, London 1963
– *Philosophy and Politics in Hobbes*, in: *Hobbes Studies*
Weber, M., *Wirtschaft und Gesellschaft*, Tübingen 1956
Willms, B., *Von der Vermessung des Leviathan*, in: *Der Staat*, Bd. VI, 1967, 75-100, 220-236
– *Die Antwort des Leviathan – Thomas Hobbes' politische Theorie*, Neuwied/Berlin 1970
– *Institutionen und Interesse. Elemente einer reinen Theorie der Politik*, in: *Zur Theorie der Institutionen*, hrsg. von Schelsky, H., Gütersloh 1970
Zelený, J., *Die Wissenschaftslogik bei Marx und »Das Kapital«*, Frankfurt 1968

267 Marcel Proust, Eine Liebe zu Swann
269 H. C. Artmann, Von denen Husaren
270 Hans Erich Nossack, Dem unbekannten Sieger. *Roman*
271 Jean-Pierre Jouve, Paulina 1880. *Roman*
272 Thomas Bernhard, Midland in Stilfs. *Erzählungen*
273 Yasushi Inoue, Der Stierkampf. *Roman*
274 Juri Kasakow, Larifari. *Erzählungen*
275 Robert Minder, Wozu Literatur? *Reden und Essays*
276 Nelly Sachs, Verzauberung. *Szenische Dichtungen*
277 Samuel Beckett, Premier amour. Erste Liebe
278 Gertrude Stein, Erzählen. *Vier Reden*
279 Ezra Pound, Wort und Weise – motz el son. *Essays*
280 James Joyce, Briefe an Nora
281 Wolfgang Hildesheimer, Zeiten in Cornwall
282 Andrej Platanov, Die Baugrube. *Erzählung*
283 Jaroslav Hašek, Partei des maßvollen Fortschritts. *Satiren*
284 Hans Mayer,Brecht in der Geschichte. *Drei Versuche*
285 Ödön von Horváth, Von Spießern, Kleinbürgern und Angestellten
286 André Maurois, Auf den Spuren von Marcel Proust
287 Bertold Brecht, Über Klassiker. *Betrachungen*
288 Jiří Kolář, Das sprechende Bild
289 Alfred Döblin, Die beiden Freundinnen und ihr Giftmord
290 Alexander Block, Der Sturz des Zarenreichs
292 Ludwig Hohl, Nächtlicher Weg. *Erzählungen*
293 Djuna Barnes, Nachtgewächs. *Roman*
294 Paul Valéry, Windstriche
295 Bernard Shaw, Die heilige Johanna
296 Hermann Kasack, Die Stadt hinter dem Strom
297 Peter Weiss, Hölderlin. *Stück in zwei Akten*
298 Henri Michaux, Turbulenz im Unendlichen
299 Boris Pasternak, Initialen der Leidenschaft. *Gedichte*
300 Hermann Hesse, Mein Glaube. *Eine Dokumentation*
301 Italo Svevo, Ein Mann wird älter
302 Siegfried Kracauer, Über die Freundschaft. *Essay*
303 Samuel Beckett, Le dépeupleur. Der Verwaiser
305 Ramón José Sender, Der König und die Königin
306 Hermann Broch, James Joyce und die Gegenwart. *Essay*
307 Sigmund Freud, Briefe

309 Bernard Shaw, Handbuch des Revolutionärs
310 Adolf Nowaczyński, Der schwarze Kauz
311 Donald Barthelme, City Life
312 Günter Eich, Gesammelte Maulwürfe
313 James Joyce, Kritische Schriften
314 Oscar Wilde, Das Bildnis des Dorian Gray
315 Tschingis Aitmatow, Dshamilja
316 Ödön von Horváth, Kasimir und Karoline
317 Thomas Bernhard, Der Ignorant und der Wahnsinnige
318 Princesse Bibesco, Begegnungen mit Marcel Proust
319 John Millington Synge, Die Aran-Inseln
320 Bernard Shaw, Der Aufstand gegen die Ehe
321 Henry James, Die Tortur
322 Edward Bond, Lear
323 Ludwig Hohl, Vom Erreichbaren und vom Unerreichbaren
324 Alexander Solschenizyn, Matrjonas Hof
325 Jerzy Andrzejewski, Appellation
326 Pio Baroja, Shanti Andía, der Ruhelose
327 Samuel Beckett, Mercier und Camier
328 Mircea Eliade, Auf der Mântuleasa-Straße
329 Hermann Hesse, Kurgast
330 Peter Szondi, Celan-Studien
331 Hans Erich Nossack, Spätestens im November
332 Wenjamin Alexandrowitsch Kawerin, Das Ende einer Bande
333 Gershom Scholem, Judaica 3
334 Ricarda Huch, Michael Bakunin und die Anarchie
335 Bertolt Brecht, Svendborger Gedichte
336 Francis Ponge, Im Namen der Dinge
337 Bernard Shaw, Wagner-Brevier
338 James Joyce, Stephen der Held
340 Hermann Broch, Barbara
341 Nathalie Sarraute, Tropismen
342 Hermann Hesse, Stufen
343 Rainer Maria Rilke, Malte Laurids Brigge
344 Hermann Hesse, Glück
345 Peter Huchel, Gedichte
346 Adolf Portman, Vom Lebendigen
347 Ingeborg Bachmann, Gier
348 Knut Hamsun, Mysterien
349 Boris Pasternak, Schwarzer Pokal
350 James Joyce, Ein Porträt des Künstlers
353 Hermann Hesse, Eigensinn

edition suhrkamp

492 Gunnar Myrdal, Aufsätze und Reden
494 Orlando Araujo, Venezuela
495 Über Paul Celan. Herausgegeben von Dietlind Meinecke
496 Walter Schäfer / Wolfgang Ed lstein / Gerold Becker, Probleme der Schule im gesellschaftlichen Wandel. Das Beispiel Odenwaldschule
497 David Cooper, Psychiatrie und Anti-Psychiatrie
498 Dieter Senghaas, Rüstung und Militarismus
499 Ronald D. Laing / H. Phillipson / R. A. Lee, Interpersonelle Wahrnehmung
502 Wolfgang Emmerich, Zur Kritik der Volkstumsideologie
503 Anouar Abdel-Malek, Ägypten: Militärgesellschaft. Das Armeeregime, die Linke und der Soziale Wandel unter Nasser
504 G. F. Jonke, Glashausbesichtigung
506 Heberto Padilla, Außerhalb des Spiels. *Gedichte*
507 Manuela du Bois-Reymond, Strategien kompensatorischer Erziehung
508 Gunnar Myrdal, Objektivität in der Sozialforschung
509 Peter Handke, Der Ritt über den Bodensee
510 Dieter Henrich, Hegel im Kontext
511 Lehrlingsprotokolle. Herausgegeben von Klaus Tscheliesnig. Vorwort von Günter Wallraff
512 Ror Wolf, mein famili. Mit Collagen des Autors
513 Wolfgang Fritz Haug, Kritik der Warenästhetik
514 Gefesselte Jugend. Fürsorgeerziehung im Kapitalismus
515 Fritz J. Raddatz, Verwerfungen
516 Wolfgang Lefèvre, Zum historischen Charakter und zur historischen Funktion der Methode bürgerlicher Soziologie
517 Bertolt Brecht, Die Mutter. Regiebuch der Schaubühnen-Inszenierung. Herausgegeben von Volker Canaris
518 Über Peter Handke. Herausgegeben von Michael Scharang
519 Ulrich Oevermann, Sprache und soziale Herkunft
520 Melchior Schedler, Kindertheater
521 Ernest Mandel, Der Spätkapitalismus
522 Urs Jaeggi, Literatur und Politik
523 Ulrich Rödel, Forschungsprioritäten und technologische Entwicklung
524 Melanie Jaric, Geh mir aus der Sonne. *Prosa*
525 Peter Bürger, Studien zur französischen Frühaufklärung
526 Herbert Brödl, fingerabdrücke. Schrottplatztexte
527 Über Karl Krolow. Herausgegeben von Walter Helmut Fritz

528 Ursula Schumm-Garling, Herrschaft in der industriellen Arbeitsorganisation
530 Eduard Parow, Psychotisches Verhalten
531 Dieter Kühn, Grenzen des Widerstands
533 Materialien zu Ödön von Horváths ›Geschichten aus dem Wienerwald‹
534 Ernst Bloch, Vom Hasard zur Katastrophe. Politische Aufsätze 1934–1939
535 Heinz-Joachim Heydorn, Zu einer Neufassung des Bildungsbegriffs
536 Brigitte Eckstein, Hochschuldidaktik
537 Franco Basaglia, Die abweichende Mehrheit
539 Gastarbeiter. Herausgegeben von Ernst Klee
540 Thomas Krämer-Badoni / Herbert Grymer / Marianne Rodenstein, Zur sozio-ökonomischen Bedeutung des Automobils
541 Über H. C. Artmann. Herausgegeben von Gerald Bisinger
542 Arnold Wesker, Die Küche
543 Detlef Kantowsky, Indien
544 Peter Hacks, Das Poetische
546 Frauen gegen den § 218. 18 Protokolle, aufgezeichnet von Alice Schwarzer
547 Wlodzimierz Brus, Wirtschaftsplanung. Für ein Konzept der politischen Ökonomie
548 Otto Kirchheimer, Funktion des Staats und der Verfassung
549 Claus Offe, Strukturprobleme des kapitalistischen Staates
550 Manfred Clemenz, Zur Entstehung des Faschismus
551 Herbert Achternbusch, L'Etat c'est moi
552 Über Jürgen Becker
553 Hans Magnus Enzensberger, Das Verhör von Habana
555 Alfred Sohn-Rethel, Geistige und körperliche Arbeit
556 Becker / Jungblut, Strategien der Bildungsproduktion
557 Karten Witte, Theorie des Kinos
558 Herbert Brödl, Der kluge Waffenfabrikant und die dummen Revolutionäre
559 Über Ror Wolf. Herausgegeben von Lothar Baier
560 Rainer Werner Fassbinder, Antiteater 2
561 Horvat, Jugosl. Gesellschaft
562 Margaret Wirth, Kapitalismustheorie in der DDR
563 Imperialismus und strukturelle Gewalt. Herausgegeben von Dieter Senghaas
565 Agnes Heller, Hypothese zu einer marxistischen Werttheorie
566/67 William Hinton, Fanshen
568 Henri Lefebvre, Soziologie nach Marx
569 Imanuel Geiss, Geschichte und Geschichtswissenschaft

570 Werner Hecht, Sieben Studien über Brecht
571 Materialien zu Hermann Brochs »Die Schlafwandler«
572 Alfred Lorenzer, Gegenstand der Psychoanalyse
573 Friedhelm Nyssen u. a., Polytechnik in der Bundesrepublik Deutschland
575 Determinanten der westdeutschen Restauration 1945–1949
576 Sylvia Streeck, Wolfgang Streeck, Parteiensystem und Status quo
577 Prosper Lissagaray, Geschichte der Commune von 1871
580 Dorothea Röhr, Prostitution
582 Jurij M. Lotmann, Struktur d. künstl. Textes
583 Gerd Loschütz, Sofern die Verhältnisse es zulassen
584 Über Ödön von Horváth
585 Ernst Bloch, Das antizipierende Bewußtsein
586 Franz Xaver Kroetz, Neue Stücke
587 Johann Most, Kapital und Arbeit. Herausgegeben von Hans Magnus Enzensberger
588 Henryk Grynberg, Der Jüdische Krieg
589 Gesellschaftsstrukturen. Herausgegeben von Oskar Negt und Klaus Meschkat
590 Theodor W. Adorno, Zur Metakritik der Erkenntnistheorie
591 Herbert Marcuse, Konterrevolution und Revolte
592 Autonomie der Kunst
593 Probleme der internationalen Beziehungen. Herausgegeben von Ekkehart Krippendorf
594 Materialien zum Leben und Schreiben der Marieluise Fleißer
597 Rüdiger Bubner, Dialektik und Wissenschaft
598 Technologie und Kapital. Herausgegeben von Richard Vahrenkamp
599 Karl Otto Hondrich, Theorie der Herrschaft
600 Wistawa Szymbroska, Salz
602 Armando Córdova, Heterogenität
603 Bertolt Brecht, Der Tui-Roman
606 Henner Hess / Achim Mechler, Ghetto ohne Mauern
607 Wolfgang F. Haug, Bestimmte Negation
608 Hartmut Neuendorff, Der Begriff d. Interesses
610 Tankred Dorst, Eiszeit
613 Marguerite Sechehaye, Tagebuch einer Schizophrenen
614 Walter Euchner, Egoismus und Gemeinwohl
619 Manfred Riedel, Hegel und Marx
621 Gaston Salvatore, Büchners Tod
622 Gert Ueding, Glanzvolles Elend
625 625 Claudia von Braunmühl, Kalter Krieg und friedliche Koexistenz
629 Karin Struck, Klassenliebe
639 Oskar Negt, Alexander Kluge, Öffentlichkeit und Erfahrung

Alphabetisches Verzeichnis der edition suhrkamp